101
ideas creativas para
MUJERES

101
ideas creativas para
MUJERES

editorial clie

Carol Sue Merkh y Mary-Ann Cox

EDITORIAL CLIE
C/ Ferrocarril, 8
08232 VILADECAVALLS
(Barcelona) ESPAÑA
E-mail: libros@clie.es
http://www.clie.es

101 IDEAS CREATIVAS PARA MUJERES
ISBN: 978-84-8267-847-4
Depósito Legal: B 6188-2015
VIDA CRISTIANA
Mujer
Referencia: 224854

Impreso en USA / Printed in USA

DEDICATORIA

Dedicado a la memoria de Marge Wyrtzen,
madre y abuela creativa,
esmerada y valiente.

PRESENTACIÓN

Nunca fui a una reunión de mujeres y, para ser honesto, no quiero estar presente en una de esas en el futuro. Por supuesto, ¡por el simple hecho de que yo no soy una mujer! Pero si tuviera que participar en una reunión de mujeres, estoy seguro de que elegiría un encuentro preparado por mi esposa o mi suegra. Durante varios años he escuchado comentarios de mujeres (¡e incluso a sus esposos, que son amigos míos!) sobre las despedidas y *showers* que mi esposa y mi suegra han planeado. Siempre son eventos inolvidables, edificantes y desafiantes, además de ser divertidos. Es por esto por lo que muchas mujeres (líderes cristianas, las esposas de los pastores y seminaristas, entre otros) las han buscado para recibir orientación sobre la forma de abordar una reunión de mujeres.

Con el lanzamiento de *101 ideas creativas para mujeres*, mi decisión no tiene por qué limitarse a las reuniones dirigidas por mi esposa o mi suegra (¡aunque los amo con todo mi corazón!). A partir de ahora, podré incluir entre mis opciones las reuniones planeadas por usted que ya tiene a su disposición un archivo de ideas creativas y prácticas: ¡todo lo que necesita para su próxima reunión o despedida!

Pastor David Merkh,
Maestro del Seminário Bíblico Palavra da Vida

SOBRE LAS AUTORAS

Carol Sue Merkh nació en Estados Unidos y vive en Brasil desde 1963. Se graduó en Pedagogía por la Universidad de Cedarville, en Estados Unidos. Ministra para esposas de seminaristas en el Seminário Bíblico Palavra da Vida y mujeres en PIBA. Está casada con David Merkh, tiene 6 hijos y 8 nietos.

Mary-Ann Cox nació en Nueva York y se graduó en Pedagogía en el Wheaton College, en Illinois. Trabaja con las esposas de los estudiantes casados en el Seminário Bíblico Palavra da Vida, en el ámbito de la vida familiar. Invierte tiempo, con sus 18 nietos, todos los viernes en la programación del Día de la Abuela. Está casada con David N. Cox, fundador del Seminário Bíblico Palavra da Vida.

CONTENIDO

PARTE 3 DESPEDIDAS DE SOLTERA

PARTE 4 *SHOWER* DE BEBÉ

APÉNDICE DEVOCIONALES

PREFACIO

"¡Auxilio! ¡Tengo que planear una despedida de soltera! ¿Tienen ustedes algunas ideas que me puedan ayudar?".

¡Cuántas veces no ha recibido solicitudes similares! En gran parte, estas solicitudes –a veces desesperadas– fueron las que nos motivaron a escribir un libro sobre el tema. *101 ideas creativas para mujeres* tiene como objetivo responder a una necesidad sentida muy de cerca por las mujeres que se han visto luchando con el planeamiento de un *shower* o cualquier otra reunión.

Conscientes de la importancia que tienen las despedidas de solteras como hito en la vida de muchas mujeres, nos gustaría compartir con la iglesia latinoamericana las ideas que hemos reunido durante los muchos años que hemos participado en las reuniones de mujeres o cuando tuvimos la oportunidad de planearlas. Si nuestra experiencia es útil para dinamizar algunas reuniones, si contribuye a la realización de una reunión particularmente edificante, y si puede estimular a tener una mejor apreciación de la importancia bíblica de nuestro papel como esposas y madres, entonces nuestro trabajo habrá sido amplia y ricamente recompensado.

Nuestro deseo es que Dios use este volumen de "101 ideas creativas" para fortalecer los hogares, mejorar el compañerismo entre las mujeres, llamar la atención de sus amigas no cristiana hacia Cristo y para que su próxima despedida de soltera o *baby shower* se transforme en un encuentro inolvidable.

Carol Sue Merkh y Mary-Ann Cox

INTRODUCCIÓN

Todas tenemos potencial para ser creativas, incluso las que aseguran que ni siquiera tienen una gota de creatividad. Formadas a imagen del Dios Creador del universo, somos capaces de crear. Lo que nos falta, a menudo, son ideas que nos estimulen.

No siempre tenemos un concepto correcto de la creatividad. En contra de la opinión popular, la creatividad no significa dar a luz a algo nuevo. El sabio escritor del Eclesiastés nos advirtió: "No hay nada nuevo debajo del sol" (Eclesiastés 1:9).

Una vez, un maestro dijo que "la creatividad es el arte de ocultar las fuentes". En cierto sentido, tenía razón, porque mucho de lo que pasa como "creativo" en nuestros días no es más que una nueva combinación de hechos ya acaecidos.

En base a lo dicho, hemos optado por definir la creatividad como "el arte de generar nuevas ideas a partir del conocimiento y la experiencia previa". Este libro pretende ser una fuente de conocimiento y experiencia previa, con la esperanza de que usted puede desarrollar sus propias ideas, adaptándolas a la realidad de su círculo de amigas y colegas.

Dudamos de que alguna de las ideas aquí presentadas sea completamente nueva. Pero también dudamos de que alguna de ellas haya sido ya presentada exactamente como las presentamos aquí. Si sumamos los años que hemos participado en las reuniones de mujer, hay 60 años de experiencia archivados en estas páginas. A lo largo de estos años, es muy probable que se nos haya olvidado la procedencia de alguna de ellas, pero sí nos gustaría dar las gracias a todas las personas que nos ayudaron a reunir y difundir esta colección práctica de ideas creativas dirigida a las mujeres de la iglesia latinoamericana.

No tenemos la intención de proporcionar una lista exhaustiva de las ideas para 'reuniones femeninas'. Sería imposible hacerlo. Nos limitamos a ofrecer algunas ideas ya probadas que pueden estimular la creatividad de los que tienen la valentía suficiente para programar algo diferente para la próxima reunión que vayan a dirigir.

En las siguientes páginas, usted encontrará algunas pautas básicas para el buen funcionamiento de su reunión. Estos principios están en forma de esquema para que pueda utilizarlos como una lista de comprobación antes de la reunión.

A seguir presentamos una lista de ideas para reuniones. Las ideas son adecuadas para casi cualquier tipo de reunión de mujeres y se pueden adaptar según el tema de cada ocasión.

Las ideas para despedidas de soltera y *baby shower* ocupan la mayor parte del libro. Muchas incluyen la sección COMPARTIR –que es quizás la contribución particular de este libro, que ofrece sugerencias para devocionales y estudios bíblicos que pueden formar parte de la programación–. Es importante destacar que no hemos incluido esta sección para intentar 'espiritualizar' las ideas. No se sienta obligado a usarlo si usted no quiere. Creemos, sin embargo, que es posible aprovechar el ambiente creado por las actividades sugeridas, para grabar algunas verdades bíblicas preciosas en el corazón de las participantes.

Terminamos el libro con un apéndice dirigido a las mujeres que necesitan ayuda en la preparación de estudios devocionales; entre estos estudios devocionales, incluimos también una serie de bocetos y sugerencias prácticas.

Por encima de todo, esperamos que este libro sirva como un incentivo a la creatividad, y que genere la edificación del hogar cristiano y de la iglesia cristiana, para la gloria de Dios.

101 IDEAS CREATIVAS PARA EL TÉ

Las ideas que reunimos en este libro se pueden utilizar de varias maneras. Algunas son especialmente útiles como 'rompehielos', al comienzo de una reunión, para establecer un ambiente cálido y promover una mayor comunión entre las invitadas. Otras sirven para propiciar un momento de reflexión y son adecuadas para la parte más seria de la reunión. Otras ideas, sin embargo, apuntan sencillamente a la diversión, pero siempre teniendo en cuenta el tema principal de la reunión.

¡Que Dios permita que su próxima reunión sea dinámica gracias a alguna de estas ideas creativas!

PARTE 1

PLANEAR UNA LLUVIA DE REGALOS

Las lluvias de regalos son ocasiones especiales que anteceden a eventos memorables de la vida, como el matrimonio o la llegada de un bebé, también conocidos como *showers*. He aquí algunas sugerencias para que todo salga bien en la próxima reunión que está planeando y liderando.

Pasos que hay que seguir

❶ Decida cómo aprovechar al máximo, con gracia, los recursos disponibles (espacio, utensilios, decoración, etc.), usando su experiencia y creatividad.

❷ Prepare las invitaciones, que proporcionen información sobre el horario, el lugar, y el vestido. Dependiendo de la ocasión, usted debe indicar si se trata de una reunión formal o informal, e incluir, cuando sea necesario, información sobre el regalo que cada invitado debe traer para el homenajeado, por ejemplo.

❸ Tenga en cuenta su presupuesto para determinar el tipo de alimento que va a ofrecer. Considere también la ocasión, el clima y las habilidades en la preparación del menú:

- Evite hacer cosas complicadas. Elija recetas que se puedan preparar con antelación, para no dejar todo para el último minuto.
- Si el grupo es grande, es preferible usar platos y vasos desechables, y sirva los dulces y los canapés en servilletas.
- Planee la comida teniendo en cuenta el sabor, la apariencia y la consistencia que tendrá, y ajuste todo esto al grupo que recibirá para la reunión.

4. Haga una lista de los pasos que se deben seguir los días previos a la reunión:

   - Planifique el programa de acuerdo al propósito de la reunión: música especial, testimonios, discursos, juegos, etc.
   - Confirme quién la puede ayudar e invite a los auxiliares.
   - Determine todos los materiales necesarios y déjelos en condiciones de uso: mantel, vajilla, decoración, materiales para las actividades, etc.

El día de la reunión

1 La vestimenta

Seleccione una ropa adecuada y cómoda, de acuerdo con la guía de vestuario dada a los invitados.

2 La decoración

Use su imaginación para hacer que el ambiente sea acogedor. Utilice flores, hojas, frutas y objetos que contribuyan a generar bienestar. Evalué el riesgo de la utilización de piezas 'raras' o de valor sentimental, pues se puede crear una situación embarazosa si por accidente se daña o se rompe alguno de estos objetos.

3 Organización de la mesa

La mesa debe estar lista cuando los invitados lleguen. En caso de que el grupo sea muy numeroso, organícelo de manera que cada uno pueda servirse en la mesa:

- Los cubiertos se disponen junto a las servilletas.
- Los pocillos con cucharitas en platos se colocan cerca de las bebidas calientes.
- Los vasos deben estar cerca del ponche de frutas o del té helado, si usted está ofreciendo estas bebidas.
- La tetera o el termo de agua caliente está al lado de las bolsas de té (un solo tipo o varios).
- Los canapés y los entremeses se sirven en platos, seguidos por los dulces y el pastel.

Consejo práctico: Para evitar demoras en el servicio, los dos lados de la mesa se pueden organizar de la misma forma.

4 Observaciones de última hora

- ¿El baño está limpio? ¿Hay toallas, papel higiénico y jabón?
- ¿El salón está ordenado; hay suficientes sillas?
- ¿Hay lugar para guardar abrigos, paraguas y bolsas?

5 La hora de la reunión

- Esté listo a tiempo; no solo usted, sino la casa y la comida también.
- Reciba los invitados en la puerta. Guarde los bolsos y abrigos y acompañe a las personas al salón, y relacione a las personas presentándolas cuando sea necesario.
- Desarrollar el programa según lo previsto.
- Es el momento de comer. Esté atenta para que los platos no queden vacíos en la mesa. Debe tener una cantidad suficiente de alimentos en la cocina para reponer en el tiempo necesario, hasta que se sirvan todos los invitados.
- Despida a sus invitados demostrando alegría por la participación. Cuando sea oportuno, entregue alguna lectura bíblica a los que todavía no son creyentes.
- Convoque a su auxiliar para la limpieza final. Esté muy atenta para que este trabajo se haga de buena gana, bajo los efectos de las cosas buenas que han sucedido en la reunión. Tome cuidado para que los hechos desagradables o comentarios desfavorables no se conviertan en el centro de los comentarios durante esta actividad final.

Se necesita mucha planificación y mucho trabajo, pero usted tendrá la satisfacción de saber que hizo lo mejor.
¡Si merece la pena hacer una reunión, esta debe estar bien hecha!

PARTE 2

ENCUENTROS

Tenga en cuenta que la mayor parte de las ideas presentadas en esta sección pueden ser adaptadas a diferentes tipos de reuniones. Se puede variar la decoración, las preguntas, los textos bíblicos, los objetos utilizados en cada actividad, adaptándolos al tema. ¡Use su creatividad!

Recuerdos

Material necesario: Un regalo que todas puedan firmar y que la homenajeada pueda conservar como recuerdo.

Procedimiento: Antes o durante el té, pida a los invitados que firmen el objeto. Algunos ejemplos de regalo de recuerdo pueden ser los siguientes:

- *Quilt* –edredón– (cada cuadro preparado por una persona).
- Delantal (firmado con tinta indeleble).
- Tabla de picar verduras (firmado con un pirógrafo).

2 La cuchara blanca

Material necesario: Cucharas de metal o de plástico de colores, una cuchara de plástico blanco, cuento o artículo relacionado con el tema de la reunión, premio.

Procedimiento: Distribuya las cucharas; uno de los participantes debe recibir la cuchara blanca. Invite a alguien a leer el cuento.

Cada vez que lea una palabra que comience con una letra predeterminada (por ejemplo, la "B"), todas deben pasar la cuchara a la persona de la derecha. Quien se quede con la cuchara blanca al final de la historia, recibe un premio.

Sorpresa en la caja

Material necesario: Una caja muy grande decorada de acuerdo con el tema.

Procedimiento: Invitar a una amiga cercana a la homenajeada, alguien de muy lejos y con quien no se haya visto desde hace tiempo, para que participe de la reunión. Ella debe esconderse en el interior de la caja decorada.

¡Este 'regalo' se debe abrir al comienzo de la reunión, a fin de que no sea incómodo para la invitada! Registre el momento del memorable encuentro por medio de fotografías.

Decir la verdad

Procedimiento: Cada invitada debe compartir con el grupo dos hechos interesantes y poco conocidos de su vida, de tal modo que solo uno de estos hechos sea verdadero. La persona que se sienta a la derecha tiene que adivinar cuál es el hecho real. Continúe hasta que todos hayan participado. Es una gran oportunidad para que las invitadas se conozcan un poco más.

Compartir: La importancia del conocimiento mutuo para "estimularnos al amor y a las buenas obras" (Hebreos 10:24-25).

Si pudiera estar...

Material necesario: Una hoja de papel y un lapicero para cada invitada.

Procedimiento: Escriba el nombre de cada persona presente en la parte superior de una hoja de papel y haga un pliegue para ocultarlo. Distribuya las hojas y tenga cuidado de que nadie reciba una hoja con su propio nombre. Pida a cada participante que escriba el nombre de un lugar donde le gustaría estar en este momento ("un barco", "un árbol", "la playa", etc.). Cada uno debe doblar la hoja de nuevo para ocultar el nombre y el lugar, y pasar el papel a la persona a la derecha. Todas deben ahora escribir una actividad que les gustaría estar practicando ("durmiendo", "disfrutando de un encuentro romántico", "viendo una película", etc.). Hay que doblar la hoja y pasarla a la persona de la derecha. Seguidamente, todas deben escribir el nombre de una persona con la que les gustaría estar en ese momento ("con..."). Nuevamente la hoja se dobla y se pasa a la persona de la derecha. Finalmente, la persona que recibió la hoja en último lugar la despliega y la lee en voz alta para descubrir el 'deseo del corazón' de cada persona presente. ¡El resultado producirá buenas carcajadas!

6 La espada

Material necesario: Biblias suficientes para todas las invitadas. Una buena idea sería advertirles para que traigan sus Biblias. También proporcione algunas de reserva.

Preparación: Prepare una lista de los textos y versículos que hablan sobre el tema de la reunión. *a)* Textos para despedidas de soltera: 1 Pedro 3:1; Proverbios 12:4; Efesios 5:22; Proverbios. 31:10; 1 Timoteo 2:15; Proverbios 19:14; Colosenses 3:18; 1 Pedro 3:3-4; 1 Timoteo 5:9-10; 2 Timoteo 4:4-5; Proverbios 31:1-2; Génesis 2:24; 1 Corintios 7:3. *b)* Textos para el *baby shower:* Efesios 6:4; Colosenses. 3:21; Salmos 78:3-4; Salmos 127:3; Proverbios 4:3-4; Salmos 128:5-6.

Procedimiento: Divida el grupo en equipos, cuyos componentes deben tener sus 'espadas' (Biblia) suspendidas en el aire.

A continuación, indique la referencia de uno de los versículos –asegúrese de que todos han entendido la referencia– y diga: “1-2-3-ahora”. Todas deben buscar el texto. La que lo encuentre primero debe ponerse de pie y leerlo en voz alta; gana un punto para su equipo. Cada miembro del equipo puede responder solamente una vez, para que todas tengan la oportunidad de participar.

Compartir: Escoja para el devocional uno de los textos utilizados en la actividad.

7 Yo voy a viajar y voy a llevar…

Procedimiento: Elija una palabra clave relacionada con el tema de la reunión. Repita la frase: “yo voy a viajar y voy a llevar...”, con una serie de palabras igual al número de letras de la palabra clave y que las palabras comiencen con cada una de las letras de la palabra clave. Por ejemplo, si es “amor” la palabra clave, se puede decir: “Yo voy a viajar y voy a llevar arroz, mantequilla, orégano y remolachas” o “Yo voy a viajar y voy a llevar aguacates, manzanas, obleas y ruibarbo”. Continúe hasta que alguien pueda identificar el secreto. La participante que descubra el mecanismo de la broma debe decir: “Yo voy a viajar y voy a llevar...”, y completar correctamente la palabra clave que está utilizando. Si es correcto, diga: “Está bien, puede viajar”. Continúe hasta que todas descubran el secreto.

8 Deletrear

Material necesario: Copias de la lista de palabras, bolígrafos, premio.

Preparación: Seleccione palabras relacionadas con el tema de la reunión y escríbalas en una hoja de papel con las letras mezcladas. Proporcionar una fotocopia a cada invitada.

Ejemplo para una despedida de soltera:

SELECCIÓN DE PALABRAS – DESPEDIDA DE SOLTERA	
Vestido	dtsveio
Invitaciones	iiaioenvtcns
Flores	flrsoe
Velo	eolv
Anillos	nllsaio
Banquete	aueetqb

Procedimiento: Cada participante debe tratar de descifrar las palabras. La primera persona que devuelva la lista bien corregida gana un premio.

Compartir: Colocar en orden nuestra vida; priorizar (Mateo 6:19-34).

9 Buscar firmas

Material necesario: Un lápiz y una copia de un modelo similar al modelo siguiente, para cada participante.

Preparativos: Prepare la lista de acuerdo a las características de sus invitadas y el tema de la reunión.

LISTA DE LAS CARACTERÍSTICAS DE LAS INVITADAS		
1	Es abuela	
2	Tiene licencia de conducir	
3	Le encanta la cuajada	
4	Juega a baloncesto	
5	No le gusta el pescado	
6	Conoce Estados Unidos	
7	Hace pan en casa	
8	Tiene dos hermanas y un hermano	
9	Ha estado en cuatro países	

10	Su color favorito es el verde	
11	El marido hizo los platos del almuerzo	
12	Le encanta la pizza	
13	Ya visitó la Amazonia	
14	Le gusta tejer	
15	Está casada hace más de 25 años	
16	Tiene un alfiler en la bolsa	
17	Tiene más de tres hijos	
18	El esposo tiene menos de 25 años	
19	Ya cantó un solo en la iglesia	
20	Monta a caballo	

Procedimiento: Entregue la hoja en el momento en que los invitados estén llegando y pídales que charlen entre sí en busca de las personas que cumplen con las características relacionadas en la lista. Cada persona puede tener el nombre escrito solo una vez en cada lista, incluyendo la propietaria de la lista. Después de un período de tiempo predeterminado, se comparten los resultados y se da un premio a la persona que tenga el mayor número de espacios rellenados.

Compartir: La importancia del conocimiento mutuo para "estimularnos al amor ya las buenas obras" (Hebreos 10:24-25).

10 Usted vale mucho

Material necesario: Hojas de papel y lápices, lista similar al ejemplo siguiente, tabla de puntos para asignar, premios.

Procedimiento: Distribuya las hojas de papel en blanco y los lápices. Lea los ítems que se encuentran en la lista y pida a cada invitada que los copie en su hoja, y que haga una marca junto a los que ella cumple. Cuándo todas hayan terminado, se explicará que cada ítem tiene una serie de puntos y se proporcionar la tabla de puntos para que cada una verifique su puntaje y haga la suma.

Verifique los resultados y entregue los premios:

Lista de ítems y puntos que vale cada uno	
Número de botones en la ropa	1 punto cada uno
Tiene los ojos azules	2 puntos
Tienen el pelo rizado	2 puntos
Está usando zapatos blancos	5 puntos
Lavó la vajilla antes de venir a la reunión	10 puntos
Está usando aretes (pendientes)	4 puntos
Besó a su marido antes de salir	25 puntos

Compartir: Nuestro valor en Cristo: el hombre interior (1 Pedro 3:1-4).

11 El tiro por la culata

Material necesario: Una hoja de papel y un lápiz para cada participante.

Procedimiento: Cada invitada debe escribir en una hoja de papel algo que quiere que la homenajeada haga ante los otros, sin que se le olvide a cada invitada firmar su hoja. Se recogen las hojas firmadas, pero inesperadamente hay un cambio de planes y en contra de lo que se esperaba, cada invitada debe hacer lo que escribió. ¡Les ha salido el tiro por la culata!

Variación: Las participantes pueden dirigir su 'petición' no solo a la homenajeada sino a cualquier participante de la reunión. Lo importante es que se firme la hoja.

La anfitriona debe recoger las hojas y hacer que el tiro les salga por la culata: "Sandra está pidiendo que Marta haga..., pero Sandra nos va a demostrar cómo hacerlo".

Compartir: Compartir sobre las implicaciones y aplicaciones de Mateo 7:12.

12 No cruce...

Material necesario: Suficientes pinzas de la ropa como para entregar cuatro a cada participante, premio.

Procedimiento: A la llegada, entregue cuatro pinzas de ropa a las participantes y oriéntelas para que se las pongan en su ropa. Explíqueles que no pueden cruzar las piernas y/o los brazos durante el resto de la reunión, o durante un período de tiempo que usted fije (excepto el periodo devocional, para evitar distracciones). Durante la reunión, si cualquiera de las participantes se da cuenta de que otra cruzó las piernas y/o brazos, debe pedirle que entregue una de sus pinzas de la ropa. Al final de la reunión, la persona con el mayor número de pinzas prendidas en su ropa gana un premio.

Compartir: Los malos hábitos que pueden obstaculizar las relaciones (Efesios 6:4; Colosenses 3:21). Aplique los textos al matrimonio, a la relación entre las madres y los hijos o a cualquier otro tema.

13 Verdadero o falso

Material necesario: Tres hojas de papel con la palabra "verdadero" y otra con la palabra "falso".

Procedimiento: Escoja cuatro jugadores, haga que se sienten en lugares que destaquen en la sala y distribuya entre ellos las cuatro hojas; solicite que no las muestren mucho. Las invitadas deben hacer una pregunta dirigida a las cuatro elegidas, y dejar que cada una responda. Las respuestas deben seguir la declaración del documento: "verdadero" o "falso". La persona que tiene "falso" debe responder a la pregunta con una mentira, utilizando su imaginación para inventar una historia que parezca verdad, aunque falsa; mientras que los otros tres deben responder correctamente. Cuando todas hayan respondido, las invitadas deben votar para elegir cuál era la mentirosa. Continúe con el mismo grupo unas cuantas rondas, mezclando solo los papeles o sustituya a los participantes después de cada pregunta.

SUGERENCIAS PARA PREGUNTAS
¿Qué es lo que más le gusta comprar? ¿Cuál fue el día más romántico de su vida? Cuente alguna anécdota sorprendente de su hijo. ¿Cuál es la mayor vergüenza que ha pasado? Cuente un recuerdo de su infancia. ¿Qué sucedió en ese día inolvidable? ¿Cuál es la alegría más grande que ha tenido? Cuéntanos sobre un paseo frustrado. ¿Cómo fue tu primer beso? ¿Cuál es el mayor susto que ha llevado?

Compartir: Decir la verdad en el amor (Efesios 4.15-25).

14 La botella de gracia

Material necesario: Una botella de gaseosa (o un biberón si se trata de un *baby shower*).

Procedimiento: Esta dinámica de motivación es simple pero muy edificante.

Cuando todas las invitadas estén sentadas en la sala, coloque la botella en el centro, acostada en el suelo. Comience la actividad haciendo que la botella gire rápidamente. Cuando la botella se detiene, señala a alguien a quien le dirá una palabra de ánimo. La invitada que recibió la palabra de ánimo será la próxima que hará girar la botella y le dirá una palabra de ánimo a la persona que la botella indique, y así sucesivamente, hasta que todas hayan participado.

Compartir: Las palabras de gracia edifican (Efesios 4:29).

15 Situaciones

Material necesario: Hojas de papel, bolígrafos y un álbum.

Procedimiento: Cada persona recibe una hoja de papel, un bolígrafo y la tarea de imaginar una situación o un desafío en el que la homenajeada se encuentre y que necesite una solución práctica.

Cada invitada debe escribir la situación en la hoja y debe sugerir una solución, un consejo práctico para superar ese obstáculo. Todas deben compartir las situaciones y sus respuestas con la homenajeada, que guardará las hojas en un álbum.

Ejemplos de situaciones para una despedida de soltera
- El marido aprieta el tubo de crema dental cerca de la tapa.
- Ya quemó el almuerzo dos días seguidos.
- Su suegra llama a su marido todos los días.

Ejemplos de situaciones para un *baby shower*
- El bebé se despierta todas las noches a cada hora.
- Su esposo se niega a cambiar los pañales del bebé.
- Es necesario hacer un largo viaje con el bebé

Variación: Cada participante recibe dos papeles: en uno escribe la situación o problema y otro para la solución del problema. Doble los papeles y ponga todos los problemas en una bolsa y las soluciones en otra. Mezclar bien. Deje que la homenajeada "pesque" un problema, lo lea en voz alta, y luego "pesque" una solución en la otra bolsa. Va a ser muy divertido.

Compartir: La multitud de consejeros (Proverbios 15:22). La respuesta está en Cristo (2 Pedro 1:3).

16 La grabadora oculta

Material necesario: Grabadora

Preparativos: Hay que ocultar la grabadora en la sala, de preferencia cerca de la homenajeada.

Procedimiento: En el momento adecuado, por ejemplo, mientras que la homenajeada está abriendo los regalos, active la grabadora y grabe sus comentarios y los de las invitadas. Después de la reunión, entregue la grabación a la homenajeada como un recuerdo de la reunión.

Compartir: Las palabras mal dichas (Mateo 12:36-37).

17 Despedida por correo

Material necesario: Una caja grande, que pueda ser enviada por correo (consulte las especificaciones en una estafeta).

Preparación: Si la homenajeada vive lejos, envíe una 'despedida' por correo. Pida la contribución de las amigas de la homenajeada para reunir los ingredientes necesarios para la despedida o el *baby shower:* paquetes de jugo o té, ingredientes para preparar la merienda, regalos, decoraciones, etc.

Procedimiento: Reúna a las amigas para preparar la caja. Cada participante puede incluir una nota personal o como grupo. Pueden incluir fotos del momento o grabaciones. No olvide colocar las instrucciones sobre cómo usar el contenido de la caja.

Compartir: ¡Buenas noticias de una tierra distante! (Proverbios 25:25).

18 ¿Quién está avergonzada?

Material necesario: Hojas de papel, lápices y una caja (o una olla si es una despedida de soltera).

Procedimiento: Distribuir las hojas de papel y los lápices. Pida a cada persona que describa algún momento de su vida en el que pasó mucha vergüenza o en el que le sucedió algo muy extraño. Coloque todas las hojas en una caja, y lea uno por uno para que el grupo intente adivinar la persona que tuvo la experiencia descrita.

Compartir: Sin avergonzarse del evangelio (Romanos 1:16).

PARTE 3

DESPEDIDAS DE SOLTERA

Hemos reunido en esta parte las ideas que juzgamos especialmente apropiadas para una despedida de soltera. Muchas de ellas se pueden adaptar fácilmente para un *baby shower* o para otras ocasiones. Disfrute de estas ideas también, añadiendo su propia creatividad, y el resultado será un encuentro inolvidable para todos.

19 Recuerdos del pasado

Material necesario: Objetos que recuerden la infancia y la juventud de la novia.

Preparación: Entre en contacto con la madre de la novia y pídale prestados objetos que recuerden la niñez o la juventud de su hija.

Ejemplos de objetos: un osito de peluche, la cuna, la manta, unos dibujos, un vestido, juguetes de niña, la muñeca favorita, etc.

Procedimiento: Se divide la vida de la novia en etapas: la infancia, los primeros años escolares, la adolescencia, los años de la universidad, etc. Utilice los objetos representativos de cada época para decorar ambientes del salón. Durante la reunión, la novia es conducida a través de diferentes etapas de su vida, desde la infancia, y en cada etapa ocúpese de que alguien comparta los recuerdos de esa época.

Compartir: Renunciar a las cosas de niñas (1 Corintios 13:11-14).

20 Despedida de Navidad

Material necesario: Adornos, comidas típicas de la Navidad.

Preparativos: Decorar el salón y la mesa con el tema "La Navidad". Pida invitados que traigan regalos que sean útiles para la pareja durante la Navidad y Año Nuevo.

Compartir: La historia de la Navidad, desde la perspectiva de María (Lucas 1:26-56; 2:1-20).

21 El primer beso

Procedimiento: Pida a la novia que salga del salón con un pretexto (traer algo, contestar al teléfono, etc.). Mientras ella está ausente, explique al grupo que todas ellas deben quedarse absolutamente quietas cuando la novia entre en la habitación y esperar su reacción. Luego explique que la forma en que la novia reaccione en ese momento inesperado, indica cómo respondió al primer beso. Habrá muchas risas y carcajadas.

22 Cualidades de la novia

Material necesario: Papel, bolígrafo.

Procedimiento: Las invitadas deben estar sentadas en círculo. A partir de la primera a la derecha de la novia, se le pide a cada mujer que indique una cualidad que se puede observar en la novia.

Si lo desea, puede añadir una explicación o dar un ejemplo concreto de cómo esa característica es evidente. Una secretaria anotará todo lo que se ha mencionado y entregará la lista a la novia. Termine con una oración de gratitud por las cualidades que Dios ha puesto en la vida de la novia.

Compartir: Las cualidades de la mujer virtuosa (Proverbios 31:10-31).

23 Intercambio de historias

Procedimiento: Aprovechar esta oportunidad para que cada persona cuente una historia (¡verdadera!) de la novia. Probablemente algunas historias de la infancia serán nuevas, incluso para ella.

Compartir: Las cosas que quedan atrás (Filipenses 3:13).

24 Esta es su vida

Material necesario: Recortes de revistas o periódicos; pegamento o cinta adhesiva; álbum donde poner los recortes o cartulina suficiente para preparar un álbum.

Preparación: Antes de la reunión, pida a las amigas de la novia que seleccionen varias imágenes que representen acontecimientos importantes en la vida de la novia. Reúna el material en un álbum.

Procedimiento: Durante la reunión, una de las participantes debe ilustrar los acontecimientos clave de la vida de la novia, página por página, a través del álbum.

Variación: Para 'romper el hielo', las invitadas pueden seleccionar las imágenes al comienzo de la reunión y colocarlas en el álbum. Cada persona debe explicar la página que montó.

Compartir: Proseguir hacia la meta, sin mirar atrás (Filipenses 3:14s).

25 Rotación de la oración

Material necesario: Una lista de peticiones de oración preparada por la pareja, que vayan desde la preparación de la boda hasta los años futuros (hijos, necesidades, etc.).

Procedimiento: Separe un tiempo de oración y distribuya las peticiones entre las invitadas.

Compartir: Orad sin cesar: vivir el matrimonio en la presencia de Dios (1 Tesalonicenses 5:17).

26 Contando los días

Material necesario: Papel de colores cortado en tiras, bolígrafos, Biblias, pegamento o cinta adhesiva.

Preparación: Cada invitada debe elegir, con antelación, un versículo de ánimo para la novia. Organizar las tiras en una mesa, con papel, bolígrafos y Biblias.

Procedimiento: A la llegada, oriente a las invitadas para que escriban su nombre en una tira de papel y coloquen el versículo para la novia. Reúna las tiras y péguelas, formando eslabones como los de una cadena. El número de eslabones debe coincidir con el número de días que quedan para la boda. Durante la reunión la novia debe abrir el primer eslabón de la cadena y leer el versículo y el nombre de la 'autora'. El resto de los eslabones los irá abriendo en los días siguientes, uno cada día, hasta la boda.

Compartir: Lazos de amor (Oseas 11:4).

27 *Shower* feo

Esta idea es particularmente útil cuando la novia ha recibido regalos en otros encuentros, pero hay un grupo de amigos que todavía desea organizar un té.

Preparación: Pedir a cada invitada que traiga un artículo necesario en una casa, pero que sea 'feo'. Ejemplos: cubos de la basura, escobas, trapos de limpieza, papel higiénico, esponjas, objetos del baño.

Compartir: Satisfechas con nuestro papel en el Cuerpo de Cristo (1 Corintios 12:22-27).

28 Lista de nombres bíblicos

Material necesario: Hojas de papel con el nombre de la novia escrito en vertical; premio.

Procedimiento: Cada participante tendrá cinco minutos para recordar la mayor cantidad posible de nombres de personajes bíblicos cuyos nombres comiencen con las letras del nombre de la novia. Dar un premio a aquellas que reúnan la mayor cantidad de nombres.

EJEMPLOS:
T → Timoteo, Teófilo, Tértulo...
A → Alexandre, Ana, Andrés, Adán...
N → Nicodemo, Nabucodonosor, Natán, Nehemías...
I → Isabel, Isaías, Isaac...
A → Absalón, Aarón, Ananías...

Compartir: El texto de Proverbios 31:10-31, en hebreo, fue escrito como un poema acróstico, usando en orden en el orden correcto todas las letras del alfabeto hebreo. Haga comentarios y apreciaciones sobre la mujer virtuosa utilizando la paráfrasis acróstica del Apéndice (véase pág. 93).

29 Vestir a la novia

Material necesario: Papel higiénico o periódicos, tijeras, cinta adhesiva, cámara.

Procedimiento: Divida a las invitadas en cuatro grupos y distribuya el papel higiénico y la cinta. Cada grupo debe preparar una parte del vestido de la novia: velo, blusa, falda y cola, completando su tarea dentro de un plazo estipulado y sin ver lo que los otros grupos están preparando. Cuando el tiempo termine, los grupos deben vestir a la novia con sus 'creaciones'. Seguramente van a querer tomar fotos del resultado como recuerdo.

Compartir: Vestida de novias en la justicia de Jesús (Efesios 5:25-27).

30 Despedida de especias

Preparación: Avise a las invitadas sobre el tema de la despedida y pídales que traigan especias y condimentos para la cocina de la novia.

Procedimiento: Coloque las especias y los condimentos en una cesta decorativa y entréguelos a la novia.

Compartir: Ser 'sal' en el mundo y en el hogar (Mateo 5:13).

31 Recetas de amor

Material necesario: Copias de una tabla como la del modelo siguiente, bolígrafos.

	Condimento	Receta	Cualidad de la novia
A			
M			
O			
R			

Procedimiento: Entregar una copia de la tabla a cada participante. Todos tienen que llenar los espacios en blanco con las palabras que comienzan con la letra indicada. Hay que compartir las respuestas, que se entregarán a la novia como un recuerdo.

Ejemplo de una tarea completada:

	Condimento	Receta	Cualidad de la novia
A	Ajo	Arroz	Amorosa
M	Mostaza	Macarrones	Modesta
O	Orégano	Ostras	Organizada
R	Rábano	Risotto	Respetada

Variación: En lugar de la palabra "AMOR" puede entregar las hojas con otras palabras diferentes; por ejemplo: "ALEGRÍA", "CASA", "FAMILIA".

Compartir: Una receta para el amor (1 Corintios 13:3-7).

32 Una torta de memoria

Material necesario: Ingredientes necesarios para hacer una torta; una cocina para trabajar.

Procedimiento: Al principio de la reunión, pida a la novia que haga un pastel con los ingredientes que encuentre en la cocina, pero sin receta. Hay que estipular un plazo para que realice su propia 'receta' y que la ponga en el horno. A la hora del té, todos pueden probar la nueva receta hecha 'de memoria' y comprobar los recursos culinarios de la novia.

Compartir: La falla de la memoria en el hogar (Deuteronomio 6:4-9).

33 La nariz sabe

Material necesario: Papel, cinta, de seis a ocho frascos con diferentes especias, bolígrafos, premio.

Preparación: Cubra los frascos con las especias con papel, o utilizar un vidrio esmerilado, de manera que el contenido no se pueda ver. Numerar los frascos.

Procedimiento: Distribuir las hojas de papel y los bolígrafos entre los participantes. Cada persona debe oler cada frasco de especias, tratar de identificarlas y escribir sus respuestas en el papel, asignando a cada número un nombre. Al final, se dicen las respuestas correctas y se da un pequeño premio a la persona que tenga el mayor número de respuestas correctas. Los condimentos se pueden entregar a la novia.

Compartir: Triunfante aroma en Cristo (Corintios 2:14-17).

34 Decorar el pastel

Material necesario: Hojas de papel, premio.

Procedimiento: Explique a las invitadas que la novia tiene problemas para decidir la decoración del pastel de la boda. Distribuya las hojas de papel y pida que cada una cree un 'pastel de bodas'. La novia debe entonces escoger la mejor 'decoración de pastel' y dar un premio a quien lo creó.

Compartir: Decorar la doctrina de Dios (Tito 2:10).

35 Señales del tiempo

Preparativos: Pida a cada invitada que traiga un regalo apropiado para un momento del día o de la noche definido de antemano.

Procedimiento: Cada persona debe entregar el regalo, en orden de llegada.

Ejemplo de persona/hora/regalo		
Adriana	5.00	papel higiénico
Betty	6.00	encendedor de estufa
Carmen	7.00	café
Teresa	8.00	pasta dentífrica
Adriana	9.00	bolsas para el mercado

Compartir: Aprovechar bien el tiempo (Efesios 5:16). "Todo tiene su tiempo señalado" (Eclesiastés 3).

36 Querido, esposito...

Procedimiento: Explique a las invitadas que lo más probable es que el primer año de matrimonio la novia utilice y agote todo su vocabulario romántico. Como amigas, las invitadas pueden ayudar a crear una "reserva" de términos cariñosos para usar en el momento adecuado. Cada participante propondrá un término romántico y una secretaria debe registrarlos. No se aceptarán términos repetidos, por lo tanto las invitadas deben prepararse para ser originales.

Compartir: Edificación mutua en el hogar (Efesios 4:29; 5:22–6:4).

37 C-a-s-a-r-s-e

Material necesario: Hojas preparadas de acuerdo con las siguientes instrucciones, bolígrafos, premios.

Preparación: Para cada invitada, prepare una hoja como en el siguiente ejemplo, con las casillas con palabras asociadas con el matrimonio. No puede haber hojas iguales, pero las palabras deben ser siempre las mismas. Prepare una hoja para su control con una lista de todas las palabras que utilizó.

C	A	S	A	R
Votos	Flores	Pastel	Alianzas	Luna de miel
Damas de honor	Regalos		Ceremonia religiosa	Iglesia
Novia	Novio	Invitaciones	Madrina	Padrino
Ceremonia civil	Altar	Invitados	Pastor	Vestido

Procedimiento: Distribuya las hojas y los bolígrafos, y comience a leer la lista de palabras. Cada invitada debe colocar una X en la casilla de la palabra mencionada. Aquellas que completen cinco palabras en orden (horizontal, diagonal o vertical) reciben un premio. Continúe hasta que se queda sin premios.

Compartir: Palabras clave de matrimonio: “Te amo”, “Perdóname”, “Gracias”.

38 Árbol de la riqueza

Material necesario: Una rama sin hojas, que representa un árbol, plantado en una lata o en un cubo con tierra; regalos en dinero; tarjetas; cuerdas.

Procedimiento: Cada invitada debe ser avisada de que el regalo para la novia será un ‘árbol de la riqueza’, y de que debe traer un sobre que contenga cierta suma de dinero y una tarjeta de ánimo a la nueva pareja.

El dinero y las tarjetas se deben colgar en el árbol al comienzo de la reunión. Si lo desea, puede decorar el pastel de tal modo que represente una moneda.

Compartir: Los secretos de una vida fructífera en el hogar (Salmo 1).

39 ¿Coinciden las respuestas?

Material necesario: Grabadora.

Preparativos: Grabe una entrevista con el novio en la que se aborde la relación de pareja.

Ejemplos de preguntas:
- ¿Cuál fue la primera discusión de pareja?
- ¿Cuántos hijos quieren tener?
- ¿Dónde y cómo se conocieron? ¿En qué fecha?
- ¿Cuándo ella mostró realmente que tú le gustabas?

Procedimiento: En vivo y en directo, durante la reunión, diríjale a la novia las mismas preguntas que se le hicieron al novio. Después de cada respuesta de la novia, escuchen la respuesta grabada del novio.

¡Será interesante determinar si la pareja está lista para casarse!

40 Parejas de honor

Material necesario: Copias de una hoja que contenga los nombres de 20 o más parejas célebres, incluyendo el novio y la novia. Los nombres de los hombres, acompañados por su apellido, deben estar en el margen izquierdo, y las mujeres, sin apellido, en el margen derecho del papel, en desorden.

Procedimiento: Distribuir copias entre las invitadas para que encuentren y unan las parejas. Dele un premio a quien obtenga el mayor número de respuestas correctas.

Compartir: Lo que Dios ha unido, que no lo separe el hombre (Mateo 19:6; Génesis 2:24).

41 Sopa de letras

Material necesario: Copias de la sopa de letras.

Procedimiento: Utilice esta actividad como 'rompehielos' mientras van llegando las invitadas. En la entrada, se da a cada participante una copia de la sopa de letras para ocupar su tiempo antes del inicio oficial de la reunión.

E	M	A	R	I	D	O	P	W	S	A	B	U	N	C	B
S	S	L	E	A	N	I	L	L	O	S	P	Q	I	O	V
U	P	P	V	M	I	N	A	D	T	H	N	W	D	R	P
P	I	J	O	A	C	F	A	N	O	O	I	A	F	K	A
E	G	V	P	S	R	S	N	T	V	O	P	O	S	T	D
C	L	E	I	M	A	T	R	I	M	O	N	I	O	J	R
S	E	L	R	C	A	N	A	A	L	R	P	V	V	M	I
L	S	A	N	S	V	W	R	V	E	S	P	O	S	O	N
U	I	S	C	L	U	D	M	A	D	R	I	N	A	H	O
N	A	L	I	V	E	T	A	L	R	E	P	O	C	Q	W
A	D	E	M	I	E	L	N	A	B	R	E	N	S	K	P

Lista de verificación: esposo, esposa, novia, novio, casado, boda, luna de miel, iglesia, votos, velas, padrino, madrina, marido, anillos, matrimonio.

Compartir: Vosotros me buscaréis y me hallaréis... (Jeremías 29:13).

42 Rimas románticas

Material necesario: Papel y lápiz para cada participante.

Procedimiento: Todas las participantes deben escribir en su hoja cuatro palabras que rimen (las cuatro pueden rimar, o puede haber dos pares de que rimen entre ellas). Después de esto, cada una debe pasar su hoja a la persona de la derecha. Con las palabras recibidas de su vecino, cada participante deberá escribir un poema sobre la novia.

Compartir: El matrimonio: una rima de dos vidas (Efesios 5:22-33).

43 Sonidos románticos

Material necesario: Grabadora.

Preparación: Pídale al novio que grabe una entrevista que se escuchará durante la reunión. En la grabación, él debe contar la historia de cómo se conoció la pareja, cuándo comenzó el noviazgo, qué significa para él, por qué él piensa que va a ser una gran esposa, etc.

Procedimiento: Durante la reunión, haga que todas las invitadas escuchen la grabación. Será un momento emocionante para la novia y quizá un momento muy divertido para todas Entregue la grabación a la novia como un recuerdo.

Compartir: Yo soy de mi amado y él es mío: el amor romántico en el hogar (Cantar de los Cantares 2:16; 6:3; 7:10).

Buscar la ropa

Material necesario: Regalos traídos por los invitados; vestidito de papel de color que representen al novio y a la novia con 'consejos' prácticos sobre la vida en el hogar escritos en la parte posterior.

Procedimiento: Al llegar, cada invitada pone su regalo en una pila y recibe un vestidito de papel para esconder en la sala, discretamente, para que la novia no se dé cuenta. Cuando llegue el momento de abrir los regalos, prepare a la novia hablándole sobre la felicidad de la boda..., hasta el primer día en que ella y su marido no escuchen la alarma del despertador y lleguen tarde al trabajo. Explíquele que ella va a ensayar cómo sería una de esas mañanas; entonces deberá buscar los vestiditos de ella y de su esposo. Para poder abrir cada regalo ella debe encontrar en la sala cada uno de los vestiditos.

La cápsula del tiempo

Material necesario: Frasco de vidrio, hojas de papel, bolígrafos, adornos.

Preparativos: Adornar el frasco de acuerdo con el tema de la reunión.

Procedimiento: Entregue una hoja de papel a cada invitada y pídales que escriban un mensaje a la pareja, y explique que los mensajes serán leídos solamente en su primer aniversario de bodas. Si lo prefiere, coloque cada papel en un sobre marcado con el año en el que deben abrirlo –2016, 2017, 2026..., para que el mensaje sea leído en el aniversario de ese año en particular. Puede colocar en el frasco una foto del grupo, recortes del periódico del día, etc. Una buena idea es entregar la cápsula a la madre de la novia para ayudar a la pareja a resistir la tentación de abrirla antes de la fecha señalada.

Compartir: Memorias de la fidelidad de Dios (Lamentaciones 3:22-23; Deuteronomio 6:4-9).

46 Colgar consejos

Material necesario: Pinzas para colgar ropa para cada una de las invitadas (es preferible que sean de madera), bolígrafos o rotuladores.

Procedimiento: Mientras las invitadas están llegando, entrégueles una pinza de la ropa para cada una y pídales que escriban su nombre en un lado de la misma y algún consejo práctico o un versículo de la Biblia en el otro.

Compartir: Cada participante debe compartir su consejo práctico o versículo con la novia y luego entregarle la pinza como recuerdo de la reunión y palabras de sabiduría.

47 Y usted, ¿conoce a la novia?

Material necesario: Un lápiz y una copia del siguiente material para cada uno de las participantes, premios.

Y USTED, ¿CONOCE A LA NOVIA?	
Conteste las siguientes preguntas como si usted fuera la novia; ponga un círculo alrededor de la opción que ella escogería.	
1	¿Dónde prefieres pasar la luna de miel: en Europa, Estados Unidos, las playas del Caribe, el Polo Norte o en la luna?
2	¿Preferirías vivir en la ciudad, en un condominio cerrado o en el campo?
3	Si usted se queda sola en casa por la noche, prefiere: leer un libro, coser, ver la televisión, escuchar música, escribir cartas o espiar a los vecinos

4	¿Cuál es su raza de perro favorita: pastor alemán, dóberman, poodle, labrador o un perrito caliente?
5	¿Cuál es su color favorito: azul, rojo, amarillo, rosa, verde o negro?
6	¿Qué te gusta leer: romance, historia, el periódico, una revista femenina o el empaque del cereal?
7	¿Qué te gusta hacer: pesca, caminar, pasear a caballo, la caza, reparar máquinas o jugar fútbol?
8	¿Qué tipo de programa le gusta ver en la TV: novela, película de terror, misterio, comedia o noticias?
9	¿A dónde prefiere ir de vacaciones: a las montañas, la playa, un pueblo histórico o una cueva?
10	En una fiesta, ¿qué prefieres beber: café, té, gaseosa, ponche, leche, agua u otra cosa?
11	¿Qué tipo de comida le gusta aprender a cocinar: italiana, francesa, china, mexicana, americana o casera?
12	Si tuviera gemelos, ¿qué preferiría usted: dos chicos, dos chicas, o preferiría un chico y una chica?
13	Pensando en el tamaño final de tu familia, ¿qué tipo de vehículo desea tener: bicicleta, coche o autobús?
14	¿Cuál es su ropa favorita para estar en casa: traje de baño, pantalones cortos, pijama, jeans, vestido ocasional o el vestido social?
15	¿Qué es lo que más le atrae: correr una milla, nadar 500 metros, 30 minutos de gimnasia o pasar una tarde con su suegra?

Procedimiento: entregue una hoja-formulario a cada invitada y pídales que sigan las instrucciones. La novia también debe llenar una. Al final, se invita a la novia a que comparta las respuestas correctas, a comparar los resultados y a dar premios a las que tengan el mayor número de respuestas correctas.

48 Multitud de consejeros

Procedimiento: Pida a las mujeres que compartan sus experiencias y ofrezcan consejos sobre qué hacer frente a diferentes situaciones:

Situaciones
➲ La luna de miel. ➲ La primera pelea. ➲ Un momento romántico. ➲ Algo gracioso que ocurrió en el primer año de matrimonio. ➲ Un aniversario de boda. ➲ La adaptación más difícil. ➲ Una sorpresa en el matrimonio. ➲ La provisión de Dios.

Consejo práctico: Una buena idea sería preparar anticipadamente a algunas mujeres casadas que estén dispuestas a compartir acerca de estas situaciones y experiencias.

Compartir: El coraje de pedir ayuda (Proverbios 15:22).

49 Veinte preguntas

Material necesario: Copias de un test con veinte preguntas sobre la novia en relación a la pareja, bolígrafos, premio.

Procedimiento: Cada invitada debe contestar el test por escrito para saber cuánto sabe realmente de la pareja. Cuando todas completen la prueba, la novia responderá a las preguntas. Se entregará un premio a quien tenga el mayor número de respuestas correctas, es decir, coincidentes con las de la novia.

Ejemplo de algunas preguntas del test
➲ ¿Hace cuánto tiempo que se conoce la pareja? ➲ ¿Dónde se conocieron? ➲ ¿Cuándo comenzó el noviazgo? ➲ ¿Cuál es la comida favorita de la novia? ➲ ¿Dónde vivirá la pareja? ➲ ¿Cuántos hijos piensan tener?

Aproveche al máximo el matrimonio[1]

Material necesario: Papel y lápiz para cada pareja.

Procedimiento: Hable sobre la importancia de aprovechar todas las posibilidades del matrimonio. Después distribuya el material y oriente a las invitadas a trabajar en parejas, con el objetivo de sacar el máximo provecho de la palabra "matrimonio". En un determinado intervalo de tiempo, cada pareja debe formar el mayor número posible de palabras con las letras

M – A – T – R – I – M – O – N – I – O

Las palabras puntúan de acuerdo con el número de letras que las componen:

Hasta 5 letras	1 punto
6 letras	2 puntos
7 letras	3 puntos
8 letras	4 puntos
9 letras	5 puntos
10 o más letras	6 puntos
Se añade un punto extra por cada palabra relacionada con el matrimonio.	

Compartir: Aprovechar bien el tiempo (Efesios 5:16).

[1] Arthur M. Depew, *The Cokesbury party book* (Nashville, Cokesbury Press 1932) 138.

51 Concurso de flores

Material necesario: Un examen sobre las 'flores' como el modelo siguiente; premio.

	FLORES Y MÁS FLORES
1	Grande, de pétalos amarillos y centro oscuro
2	Delicada copa de pétalos rojos y centro oscuro
3	Una bola formada por tubitos esparcidos
4	Pétalos aterciopelados de colores variados y muy vivos
5	Seis pétalos oblongos de color claro que se oscurece al centro de cada pétalo
6	Media esfera formada por pequeñas flores de color azul
7	La más famosa de pétalos blancos y centro amarillo
8	Cinco pétalos en formación simétrica, famosa por adherirse al tronco de los árboles
9	Delicados pétalos de dos colores que contrastan
10	Una única flor por tallo, un capullo bien cerrado de colores vibrantes

Procedimiento: Explique que las flores son parte de las ceremonias de boda desde la antigüedad. Cada participante debe identificar las flores a través de las definiciones. Ganas quien obtiene el mayor número de respuestas correctas.

LISTA DE VERIFICACIÓN DE LAS FLORES: 1 girasol, 2 amapola, 3 crisantemo, 4 rosa, 5 azucena, 6 hortensia, 7 margarita, 8 orquídea, 9 pensamiento, 10 tulipán.

Compartir: Ser 'aroma' de Cristo (2 Corintios 2:14-17).

52 Fuimos a una boda...

Procedimiento: Forme un círculo y empiece a contar la historia: "Fui a una boda, y no tenía arreglos florales" (algo que comienza con la letra A y se utiliza generalmente en la boda o en la recepción). La persona de la derecha debe continuar repitiendo la misma frase: "Fui a una boda...", que se completa con algo que comienza con la siguiente letra del alfabeto. Por ejemplo: "Fui a una boda y no tenía la boda". Si alguien no puede completar la frase dentro del tiempo estipulado, se elimina. Continúe hasta que todos estén eliminados. Se utilizará todo el alfabeto y se volverá a la letra A de nuevo, pero citando elementos distintos.

Compartir: Elementos esenciales en el matrimonio (1 Corintios 13:4-8a).

53 Telegrama

Material necesario: Papel y lápiz para cada invitada.

Procedimiento: Las invitadas deben escribir los nombres de la pareja en vertical. Al lado de cada letra, se debe complementar con una cualidad de la persona, como si fuera un acróstico. Recoja los 'telegramas' y entréguelos a la novia.

Ejemplo de nombres-cualidades	
M – Maravillosa	J – Joven
A – Amorosa	O – Optimista
R – Responsable	S – Simpático
Í – Inteligente	É – Espontáneo
A – Alegre	

Cuotas mensuales[2]

Preparativos: Piense en 12 regalos, cada uno de ellos particularmente útil en uno de los meses del año, y recolecte entre las invitadas la cantidad suficiente para la compra. Consiga los regalos, empaquételos, señalando en el empaque el mes al que se refieren.

Procedimiento: Esta idea transformará la despedida en una actividad que continuará todo el año, ya que los regalos, que serán entregados el día de la reunión, se abrirán solo después de la boda, el primer día de cada mes correspondiente. La novia tendrá un recuerdo mensual de sus amigas y la alegría de recibir regalos para todo un año.

Algunas sugerencias como regalos	
Enero	Una agenda.
Febrero	Sombrilla o paraguas.
Marzo	Un arreglo de flores secas o un adorno para la casa.
Abril	Tarjetas de cumpleaños para su uso durante todo el año.
Mayo	Un libro sobre el matrimonio.
Junio	Un álbum para guardar fotos.
Julio	Manta o cobija.
Agosto	Un libro de recetas.
Septiembre	Semillas para empezar un jardín o huerta.
Octubre	Pinchos para barbacoa.
Noviembre	Juego de cama o baño.
Diciembre	Adornos de Navidad.

Compartir: Tiempo para todo (Eclesiastés 3:1-8).

[2] Adaptación de una idea presentada por Kay Kesling (Klamath Falls, Oregón).

55 Lluvia de ideas matrimoniales

Material necesario: Papel y lápiz para cada equipo; premio.

Procedimiento: Se divide el grupo en equipos de cinco a siete miembros cada uno y se les entrega la hoja de papel y un lápiz. Se les da un minuto para que escriban todas las palabras posibles relacionadas con la ceremonia de la boda. Dé un premio al equipo ganador.

Consejo práctico: Repetir la actividad, pero en esta ocasión cada equipo debe escribir cualidades esenciales para un buen matrimonio, incluyendo los textos bíblicos. Al final se comparten las anotaciones.

56 Marcha nupcial

Material necesario: Rollos de papel higiénico.

Procedimiento: Se divide el grupo en equipos de hasta seis personas; a cada equipo se le da un rollo de papel higiénico. La primera persona debe pasar el papel alrededor de su cuello tres veces, con cuidado para no romperlo, y luego lo entrega a la siguiente persona del equipo, y se continúa hasta que todos están unidos por el papel. Se establece un punto de partida a una cierta distancia de una silla en la que la novia esté sentada, y cada equipo debe ir hacia la novia, desfilando, sin romper el papel, y volver al punto de partida, después. Cronometre y dé un premio al equipo más rápido.

57 Memorias

Procedimiento: Pídale a la novia que comparta en la reunión algunas de sus memorias y recuerdos.

Preguntas que pueden ayudar a recordar
➲ Cuando era niña, ¿cuál era el nombre de su mejor amigo (niño)? ➲ ¿Quién fue el primer muchacho que le gustó? (nombre, edad, ¿por qué?, etc.). ➲ Cuente algo emocionante que su novio le haya preparado. ➲ ¿Cuáles son las reglas de noviazgo que sus padres le dieron? ➲ ¿Cuándo y cómo fue su primer beso?

Compartir: La importancia de tener recuerdos de la fidelidad de Dios (Deuteronomio 6:4-9; Salmo 78:1-8).

58 Utensilios extraños

Material necesario: Nombres o ilustraciones de utensilios o herramientas en desuso, anticuados o poco conocidos; lápices y hojas de papel.

Procedimiento: Distribuya papel y lápices entre todas las invitadas. Lea el nombre de una herramienta o muestre una ilustración, y establezca un tiempo para que cada una describa, por escrito, la función del objeto. Todos tienen que firmar la hoja con su nombre. Si lo desea, puede inventar explicaciones divertidas para crear un ambiente animado. Cuando el tiempo acabe, se recogen las hojas y se leen las respuestas en voz alta. Finalmente, explique la función correcta de la herramienta. Dé un punto a las que acertaron la respuesta y otro punto a la participante que escribió la respuesta más divertida.

Variación: Escriba la función correcta del objeto en una hoja de papel y lea esta respuesta junto a las otras, pero sin indicar cuáles son correctas o incorrectas. Las invitadas deben entonces votar por la definición que creen que es la correcta. Dé un punto a las invitadas que han votado por la respuesta correcta y otro punto a la participante cuya definición equivocada recibió más votos.

Lecciones objetivas

Material necesario: Objetos que ilustren principios de la vida cristiana.

Preparativos: Pedir a cada invitada que traiga de su hogar un utensilio doméstico que ilustra una verdad espiritual.

Procedimiento: Durante la reunión, cada participante deberá mostrar el objeto que trajo, compartir la verdad de la Biblia que el objeto ilustra y sugerir a la futura esposa oportunidades de aplicación a la vida diaria.

Parentesco

Material necesario: Suficientes copias de la siguiente tabla.

Las relaciones de parentesco en la Biblia			
1	Noemí y Ruth	9	Fineas y Elí
2	Abraham y Lot	10	José y Rubén
3	Jacob y Rebeca	11	Bernabé y Juan Marcos
4	Eva y Caín	12	Miriam y Moisés
5	Jetro y Moisés	13	Esaú y Raquel
6	Isaac y Esaú	14	Ester y Mardoqueo
7	Ruth y David	15	Jacob y Abraham
8	Caín y Abel		

Procedimiento: Recuerde a las participantes que el matrimonio une no solo a dos personas, sino también a dos familias. Los familiares y el apoyo a la familia son importantes para un matrimonio exitoso. Como una oportunidad para reflexionar un poco más sobre ese aspecto, distribuya copias y pídale a las invitadas que identifiquen las relaciones que unen a las personas mencionadas.

Respuestas de las relaciones de parentesco en la Biblia			
1	Madre e hija	9	Hijo y padre
2	Tío y sobrino	10	Hermanos
3	Marido y mujer	11	Primos
4	Madre e hijo	12	Hermanos
5	Padre e hijo	13	Cuñados
6	Padre e hijo	14	Sobrina y tío
7	Bisabuela y bisnieto	15	Nieto y abuelo
8	Hermanos		

Compartir: La transmisión de la fe de generación en generación (Salmo 78:1-8; Proverbios 4:3-5).

PARTE 4

SHOWER DE BEBÉ

En esta parte hemos reunido ideas especialmente apropiadas para las reuniones de *shower* de bebé, si bien algunas de estas ideas se pueden adaptar fácilmente a otro tipo de reuniones. ¡Aproveche estas ideas también y acreciente su creatividad!

61 Lluvia de cupones

Material necesario: Cuadernillo de cupones según se describe a continuación.

Procedimiento: Cuando las invitadas no tengan grandes recursos para comprar regalos a la futura mamá, se puede preparar un cuadernillo de cupones para que sea llenado por las amigas. Cada cupón vale por un servicio práctico y contiene todas las condiciones para su uso (tiempo de duración, etc.). A continuación se listan algunas sugerencias de servicios prácticos:

Sugerencias de servicios prácticos
• Una comida. • Niñera por unas horas. • Un paseo con los niños mayores. • Una ayuda para poder ir al supermercado. • Un lavado de la ropa de la familia. • La limpieza de la casa.

Compartir: Cupones de amor práctico (Romanos 12:9-21).

Asegurar al bebé

Preparativos: Pídales a las invitadas que contribuyan con dinero para comprar en común un regalo o que traigan regalos relacionados con el tema de la seguridad. Cada una también tiene que llevar una tarjeta con un consejo sobre cómo evitar situaciones peligrosas para el bebé.

Sugerencias de regalos relacionados con la seguridad
• Cubiertas de seguridad para las tomas eléctricas. • Puertas de seguridad para las escaleras. • Asiento infantil para el automóvil. • Botiquín de primeros auxilios.

Procedimiento: En la entrega de regalos, cada participante puede leer su consejo.

Compartir: Peligro a la vista: un león ruge (1 Pedro 5:8-9).

Lluvia de pañales

Preparativos: Póngase de acuerdo con las invitadas en que el regalo sea una cantidad de pañales desechables o de tela, según lo indicado por la futura madre. Planificar juegos en torno al tema de los pañales.

> **Recomendación:** Este es un regalo especialmente apropiado cuando el bebé que va a nacer no es el primer hijo, y la madre que ya tiene casi todo lo que se necesita.

El pañal 'sucio'

Material necesario: Un prendedor o broche para cada huésped, como se explica a continuación.

Preparativos: De una tela blanca, corte y pliegue pequeños pañales con un alfiler de seguridad por detrás. Todos los pañales serán iguales pero en uno de ellos coloque un pedacito de lana marrón escondida entre los pliegues para simular el pañal 'manchado'.

Procedimiento: Al llegar, cada invitada recibirá un broche con forma de pañal para colocarlo en su ropa. Durante la reunión, se explicará que alguien está con el pañal sucio, y todas tendrán que mirar su broche para verificarlo. A quien tenga el pañal sucio se le planteará una prueba que tiene que realizar o se le dará un premio, según el criterio de la anfitriona.

Carrera de pañales

Material necesario: Una muñeca, un pañal, alfileres de seguridad, un cronometro y premios.

Procedimiento: Coloque la muñeca en el suelo, explique que tiene el pañal sucio y deje al lado los alfileres y el pañal de tela doblado. Cada participante debe cambiar los pañales en el menor tiempo posible, que se medirá con el cronometro. Entregue un premio a quien complete la tarea en menos tiempo, y otro a quien lo haga mejor.

> **Recomendación:** La misma idea se puede desarrollar utilizando dos muñecas y dividiendo el grupo en dos equipos. Todo el mundo debe cambiar los pañales y el equipo que termine primero es el ganador.

Compartir: Prosigo a la meta (Filipenses 3:13-14).

66 Una 'torta' de pañales

Material necesario:

- 1 docena de pañales de tela
- De 4 a 6 alfileres de seguridad
- 3 pares de medias de encaje de color
- 1 tetero (biberón o mamadera)
- 2,5 m de cinta de 5-10 mm de ancho y de color azul
- 2,5 m de cinta de 5-10 mm de ancho y de color rosa
- 3 m de encaje de 2,5 cm de ancho
- Alfileres de seguridad
- Plato

Procedimiento:

1. Doblar los pañales en tiras largas con el ancho de hasta la mitad del tetero.
2. Envuelva el primer pañal alrededor del tetero. Conecte el primero pañal al segundo con los alfileres de seguridad y continúe enrollando hasta usar todos los pañales.
3. Doble la punta del último pañal hacia adentro para hacer el acabado.
4. Haga florecitas con las medias de colores y póngalas sujetas entre los pañales.
5. Mediante los alfileres, coloque el encaje alrededor de la torta a unos 2 cm de la parte superior.
6. Adorne el lado de la torta con la cinta azul, la rosa y el encaje.
7. Preparar moños con las cintas y asegúrelos con alfileres en la parte superior de la torta.
8. Coloque los alfileres de seguridad en el lado de la torta, diagonalmente, entre las bandas.
9. Ate un lazo de cinta en el tetero.
10. Coloque la torta en un plato.
11. Utilice la 'torta' para adornar la mesa y luego entréguela a la futura madre.

Pañalito para el bebecito

Material necesario: Cartulina, materiales para dibujo, corcho o polietileno, pañales dibujados en papel, alfileres de seguridad, pañoleta grande, muñeca que llore.

Preparación: Dibuje un bebé en papel grueso y péguelo al corcho o polietileno. Prepare pañales de papel, uno por cada participante.

Procedimiento: La actividad se debe realizar con una invitada cada vez. Cubra los ojos de la participante con la pañoleta, hágala girar tres veces para que pierda el sentido de la orientación y entréguele un pañal y un alfiler de seguridad y pídale que coloque el pañalito en el bebecito. Cuando sea el turno de la futura mamá, alguien debe tener la muñeca cerca de la cartulina del bebé dibujado y hará llorar al bebé todas las veces que la mamá toque el dibujo con el alfiler.

Té helado

Preparación: Oriente a las invitadas en relación a los regalos, que serán comidas congeladas, para que sean variadas.

Procedimiento: Cada invitada debe traer una comida congelada para ayudar a la nueva mamá (y al papá también) en las semanas que siguen después del nacimiento.

Compartir: Servir unos a otros: marca del amor (1 Pedro 4:10-11).

Fotos infantiles

Material necesario: Fotos infantiles de cada invitada; papel y lápiz.

Preparativos: Avise a las invitadas que deben traer una foto de su infancia, donde tengan un máximo de un año de edad.

Procedimiento: A su llegada, recopile las fotos, etiquételas con números en la parte de atrás y extiéndalas en una mesa. Cada participante debe tratar de asociar las fotos a las personas presentes en la reunión. Al final, se revelará la identidad de los bebés.

Compartir: Dejar las cosas de niño y crecer en Cristo (Hebreos 5:11-14; 1 Corintios 13:11).

70 Instituto relámpago de puericultura

Material necesario: Papel y lápices para todas las participantes, una muñeca.

Procedimiento: Distribuya las hojas de papel y los lápices, y pida a cada invitada que escriba una tarea que la nueva madre tendrá que ser capaz de realizar con mucha habilidad para cuidar físicamente de su bebé. Importante: en ese momento no se dice nada acerca de la segunda parte del juego. Recoja las hojas. Lea cada una de las tareas escritas y llame a la autora de cada idea para que demuestre en la muñeca su habilidad para realizar la tarea escrita.

Compartir: "No seáis muchos maestros..." (Santiago 3:1). "Sed imitadores...". La importancia del modelo de los padres en la educación de los niños (1 Corintios 11:1).

71 Ayuda en la cocina

Material necesario: Hojas de papel, lápices para todos.

Procedimiento: Ahora que la mamá no tiene mucho tiempo para cocinar, ella necesita ayuda en la cocina. Cada participante debe escribir una sugerencia de comida rápida y fácil.

Compartir: La crianza de los niños no es nada instantáneo (Efesios 6:4).

72 La armadura de Dios

Material necesario: Ropa de bebé que represente los elementos de la armadura de Dios (Efesios 6:10-20).

Preparativos: Organícelo todo para que algunas invitadas traigan los siguientes regalos:

Regalo	La armadura de Dios (Efesios 6:10-20)
Paquete de pañales	Ceñido con la verdad
Chaqueta o saco	Vistiendo la coraza de justicia
Zapaticos	Y calzados los pies con el celo de anunciar el evangelio de la paz
Babero	Siempre tomando el escudo de la fe
Gorro	Yelmo de la salvación
Biblia ilustrada para niños	La espada del espíritu
Chupo o tetina	Orar en el espíritu
Toalla y jabón	En Cristo

Procedimiento/Compartir: La armadura Dios (Efesios 6:10-20).

Cada aspecto de la armadura de Dios debe estar representado por un regalo que será entregado a la nueva mamá, acompañado de una explicación y una oración corta y específica, dirigida por una de las participantes.

Los pañales representan el cinturón de la verdad. Que la vida de ________ siempre se caracterice por la búsqueda de la verdad.

La chaqueta es la coraza de la justicia. Que ________ pueda luchar por la justicia y ser un hombre/mujer de integridad.

Los zapatos representan los pies preparados para proclamar el evangelio de la paz. Que ________ siempre esté listo/a para dar una respuesta acerca de su fe inquebrantable en Cristo Jesús.

El babero es el escudo de la fe. Que Dios proteja a _____ de las cosas de este mundo.

El gorro es el yelmo de la salvación. Que Dios proteja la mente de ________, y que él/ella sea completamente puro/a ante el Padre Celestial.

La Biblia es la espada del Espíritu. Que ________ adquiera la sabiduría y la comprensión de la Palabra de Dios para permanecer firme en la verdad.

El chupo o tetina es la oración en el Espíritu. Que ______ pueda honrar al Señor por la oración y la gratitud.

La toalla y el jabón representan la pureza de la salvación. 1 Juan 1:9 dice: "Si confesamos nuestros pecados, él es fiel y justo para perdonar nuestros pecados, y limpiarnos de toda maldad. Nuestra oración es que ________ acepte algún día a Jesucristo como Señor y Salvador y entregue su vida al servicio del Rey.

73 Melodías en armonía

Material necesario: Letras de canciones infantiles cristianas.

Preparación: Separar la primera estrofa de la letra de cada canción en tres partes y copiar en diferentes hojas de papel. Por ejemplo, para la canción *Estoy alegre,* usted tendría:

- Estoy alegre. ¿Por qué estás alegre?
- Estoy alegre. ¿Cuéntame por qué?
- Porque un día Cristo me salvó.

Preparar hojas suficientes para el número de invitadas.

Procedimiento: Entregar el material a las participantes y explíqueles que la tarea de cada una de ellas es encontrar las otras dos personas que tienen líneas de la misma canción/estrofa. Después de una señal dada, la única manera que pueden utilizar para identificarse entre ellas será cantar la línea de la canción que está en su papel. Cuando las tres participantes consigan unirse y formar una estrofa, deben cantarla según la secuencia correcta.

Compartir: La armonía en el hogar cristiano (Efesios 6:1-4).

74 Vestir al bebé

Material necesario: Dos muñecas, dos pañaleras de bebé. Cada bolsa debe contener: un pañal de tela, 2 alfileres de seguridad o una cinta, unos pantalones de plástico, unos mamelucos o un vestido, un gorro y unos zapatos.

Procedimiento: Divida a los invitados en dos equipos. El primer participante de cada equipo deberá vestir a la muñeca con toda la ropa, sin olvidarse de colocar los alfileres, atar las cintas, etc. El segundo debe desvestir al muñeco, desamarrando y soltando todo con cuidado, y colocar todo el equipo en la bolsa. Continúe hasta que todos hayan participado. Gana el equipo que termine primero.

Compartir: Correr con perseverancia (Hebreos 12:1-2).

75 Multitud de consejeras

Procedimiento: Pida a las que ya son mamás que compartan sus experiencias y ofrezcan consejos sobre:

- La mayor bendición de ser madre.
- Un consejo para la futura mamá.
- Algo que la hace enojar.
- Un susto inolvidable.
- Provisión de Dios.
- La mayor sorpresa como madre.

> **Consejo práctico:** Una buena idea sería preparar con antelación a algunas madres para que estén dispuestas a compartir experiencias y consejos acerca de estas cuestiones, por si no hubiera participación espontánea.

Compartir: La multitud de consejeros (Proverbios 15:22).

76 Sopa de letras

Material necesario: Copias de la sopa de letras.

Procedimiento: Use esta actividad como 'rompehielos', mientras los invitados van llegando. En la entrada, dé a cada participante una copia de la 'sopa de letras' para ocupar su tiempo antes del inicio oficial de la reunión. Las palabras de la sopa de letras están relacionadas con la crianza.

E	U	C	O	F	T	Y	Ñ	B	N	E	N	E	N	C	B
S	E	M	B	A	S	U	A	I	C	N	A	T	C	A	L
U	S	M	J	A	N	U	C	R	A	H	S	E	D	Ñ	T
P	O	L	E	A	B	F	J	N	O	E	I	H	F	K	K
E	N	R	P	S	U	E	Ñ	O	R	O	P	C	S	C	X
C	A	M	I	M	R	G	R	D	K	S	E	E	O	H	U
S	J	B	R	O	A	N	A	O	T	N	A	L	L	U	E
E	E	L	A	Ñ	A	P	P	V	E	S	U	S	D	P	R
W	R	A	M	A	M	E	D	I	C	O	E	A	T	E	K
L	O	L	I	B	E	B	E	L	R	E	P	A	R	T	O
D	M	A	J	U	G	U	E	T	E	R	E	N	M	E	P

Lista de verificación: nene, bebé, baño, babero, cuna, llanto, leche, mamar, lactancia, parto, pañal, médico, padres, chupete, sonajero, sueño, juguete.

Compartir: Me buscaréis y me hallaréis… (Jeremías 29:13).

Grandes expectativas[3]

Material necesario: Un paquete que pese diez kilos (puede ser un paquete de arena, de arroz, etc.), 5 alfileres de seguridad, un libro sobre la educación de los niños, un chupo o tetina, un biberón con leche, una pañoleta.

Procedimiento: El juego está dirigido a la preparación de la pareja, si el padre está presente, o a la preparación de la madre para sus nuevas responsabilidades. Siga las siguientes instrucciones:

Instrucciones para el juego	
1	Entregue el paquete al papá. Explíquele que en breve será capaz de llevar un peso similar durante muchos kilómetros sin pensarlo dos veces.
2	Llame a una de las invitadas para que vaya adelante y hale un poco el pelo de la madre –sin hacerle daño, sino como para molestar–, sin parar. Explique que el bebé tiende a hacer lo mismo, y lo mejor es que ella termine acostumbrándose.
3	Coloque una toalla húmeda sobre el brazo de su padre. Explíquele que el bebé generalmente permanece así y que el padre sabio aprende a acostumbrarse a esta pequeña incomodidad.
4	Entregue al papá y/o a la mamá los alfileres de seguridad para que ellos los mantengan en los labios. Explique que es así como los padres mantienen los imperdibles mientras están cambiando los pañales de su hijo. Anime a los padres explicándoles que, después de dos o tres meses, sus labios serán lo suficientemente resistentes como para soportar los alfileres.
5	Regálele a la madre un libro sobre la crianza de los hijos y pídale que dé una vuelta por la habitación con el libro abierto siempre en sus manos. Explíquele que debe mantener este libro siempre abierto para que la ayude en todos los pasos nuevos de este camino.

[3] Contribución de Jan Fanning (Dallas, Texas).

6	Tome un chupo y colóquelo en la boca de la mamá y pídale que lo sostenga así. Explíquele que el chupo es generalmente para el bebé, pero que habrá días en que ella también necesitará.
7	Entregue un tetero o biberón al papá y pídale que pruebe la temperatura de la leche en el brazo de la mamá. Si la piel se pone roja, indica que la leche está demasiado caliente; si es de color morado, que está demasiado fría; si ella no reacciona, está perfecta.
8	Dele a la pareja una pancarta que diga: "Ahora estamos listos para ser padres."

Compartir: Ser padres cristianos: el sacrificio y el placer (3 Juan 1:4).

78 Papá sabe más

Procedimiento: Esta idea es para las reuniones en que los esposos estén presentes. Después de cada regalo que la pareja abre, el marido debe hacer el comentario que él piensa que su esposa haría. Por ejemplo: "¡Qué delicado!", "¡Qué lindo!", etc., y decir cómo y cuándo se debe utilizar el objeto. Seguramente será divertido.

79 Cigüeñas en la torta

Material necesario: Palillos, alfileres de seguridad (imperdibles), cinta de colores.

Procedimiento: Con un poco de paciencia, adornar el pastel con cigüeñas hechas utilizando los palillos y la cinta de colores. Al final de la reunión, se entregan los adornos como recordatorio.

¿Las respuestas coinciden?

Material necesario: Una grabadora.

Preparativos: Grabar una entrevista con el padre sobre las expectativas de la pareja con el nuevo bebé.

EJEMPLOS DE PREGUNTAS PARA LA ENTREVISTA
➲ ¿Cuál será el nombre del niño si es un niño; y si es una chica; y si son gemelos?
➲ ¿Cuándo y por qué decidieron tener un bebé?
➲ ¿Quién va a disciplinar a su hijo/hija? ¿Cómo lo hará?
➲ ¿Quién va a atender al bebé cuando empiece a llorar a medianoche?
➲ ¿Quién va a hablar de las cosas de Dios a su hijo/hija? ¿Cómo lo hará, y a partir de qué edad?

Procedimiento: En vivo, durante la reunión, hágale a la futura mamá las mismas preguntas que se le formularon al papá. Después de cada respuesta de la madre, se oye la respuesta grabada del papá. Será interesante comprobar si, como pareja, están dispuestos a asumir el papel de padres.

Querido bebé...

Material necesario: Hojas de papel, lápices, un álbum.

Preparación: Las invitadas deben traer cartas escritas para el bebé o pueden escribirlas al comienzo de la reunión, incluyendo sus votos, versículos de la Biblia, etc.

Procedimiento: Durante la reunión, hay que leer las cartas y colocarlas en un álbum, como un 'memorial' para el niño.

Compartir: Animar a los niños a caminar en el Señor (Proverbios 22: 6).

82 Recuerdos palpables

Material necesario: Un recipiente de plástico (una bolsa, por ejemplo) que no sea transparente o una funda de almohada; cerca de 15 artículos relacionados con la vida del bebé (cuchara, babero, sonajero, oso de peluche, chupo, etc.); papel y lápiz para cada participante; premio.

Procedimiento: Coloque todos los elementos anticipadamente en el recipiente (bolsa de plástico). Distribuya el papel y los lápices. Si el grupo es pequeño, cada persona debe clocar la mano en el recipiente para explorar el contenido. Después de 30 segundos, se devuelve el recipiente y se canta una canción infantil. Luego, la participante debe comenzar a escribir en un papel los objetos que haya logrado identificar. Al final, se le entregan los objetos a la nueva mamá y se le da un premio a la persona que identificó el mayor número de artículos.

Variación: Para grupos más grandes, se colocan los objetos en una bandeja durante 30 segundos para que todos puedan verlos; después se entona una pequeña canción infantil y se pide a las participantes que escriban los nombres de los objetos que recuerden.

Compartir: Memorias de la fidelidad de Dios en la familia cristiana (Salmo 78:1-8).

83 Recuerdos

Material necesario: Una grabadora.

Preparación: Solicite al futuro papá que grabe una declaración para que sea escuchada durante la reunión. En la grabación, él debe contar la historia de cómo la pareja planea tener hijos, la emoción de saber que el bebé va a llegar, por qué piensa que su esposa será una gran madre, etc.

Procedimiento: Durante la reunión, organice un tiempo específico para escuchar la grabación. Será emocionante. Entregue la grabación a la futura madre como recuerdo.

Álbum de recuerdos

Material necesario: Hojas de papel y lápices, un álbum para almacenar fotos y otros recuerdos, una cámara fotográfica.

Procedimiento: Cada invitada debe escribir algunos consejos prácticos para la futura madre y entregárselos a usted. Durante la reunión, tome fotos del grupo, la decoración, las actividades, etc. Cuando imprima las fotos, monte todo el material en un álbum para entregárselo a la madre cuando tenga lugar el nacimiento del bebé.

Compartir: La seguridad en la multitud de consejeros (Proverbios 15:22).

Adivine los datos

Material necesario: Bolígrafos y hojas de papel como el siguiente modelo:

Formulario "Adivine los datos"	
Fecha y hora de nacimiento:	________________
Sexo:	________________
Peso:	________________
Altura:	________________
Nombre de la invitada:	________________

Procedimiento: La reunión se hace antes del nacimiento del bebé. Pida a cada invitada que adivine los datos principales del futuro bebé. Guarde las hojas en un sobre y entrégueselas a la futura madre para que ella verifique los datos en el hospital y le dé algún premio a la persona que más cerca estuvo de los datos reales.

86 Examen sobre la mamá

Material necesario: Copias de un examen similar al siguiente modelo, adaptándolo para antes o después del nacimiento del bebé; bolígrafos o lápices.

EXAMEN SOBRE LA MAMÁ
¿Cuál fue el peso máximo de la madre antes del nacimiento?
¿Cuál es el color más frecuente de sus zapatos?
¿Qué edad tiene?
¿Cuál es su color favorito?
¿Cuántos hermanos tiene ella?
¿Ella besó a su marido hoy?
¿Cuántos niños quiere tener?
¿Qué le gusta hacer cuando el bebé está durmiendo?
Si el bebé hubiese sido una chica (o viceversa), ¿cuál habría sido su nombre?
¿Cuánto duró el parto?

Procedimiento: Pida a la futura madre que salga de la sala. Distribuya las pruebas y dé un plazo para completarlas. Llame a la homenajeada, que también deben haber completado una 'prueba de guía', y contraste las respuestas.

Compartir: Conocido por Dios desde la eternidad (Salmo 139:13-17).

87 Retratos del bebé

Material necesario: Hojas de papel, lápices, premio.

Procedimiento: Entregue a cada participante una hoja de papel y un lápiz, y explique que todos van a hacer un retrato del bebé siguiendo las instrucciones que se darán. Apague todas las luces y deje la sala completamente a oscuras. Indique a las participantes, paso a paso, el orden en que deben realizar el retrato del bebé; por ejemplo, empiece por mencionar sus pies, luego sus ojos, luego las manos, las piernas, el ombligo, etc. Con el dibujo terminado, encienda las luces y expóngalos en la mesa para que todos puedan examinar las obras de arte. Dé un premio al retrato que la futura mamá elija como el más bello.

Compartir: Seremos semejantes a él, porque le veremos tal cual es (1 Juan 3:2).

88 Entrevista

Material necesario: Preguntas pertinente para hacer una 'entrevista' a la mamá.

Procedimiento: Como parte del programa de la reunión, entreviste a la homenajeada. Algunas sugerencias para las preguntas:

- Haga una lista de cinco cualidades que le gustaría tener como madre.
- ¿Cuál es la mujer que es un modelo de madre para ti? ¿Qué admira de esta madre?

89 Adivina el tamaño del vientre de la mamá

Material necesario: Ovillo de lana o cuerda, un metro de costurera, unas tijeras.

Procedimiento: Formar un círculo, con la mujer embarazada en el centro. El ovillo de lana debe pasar de mano en mano y cada participante que lo reciba debe cortar un trozo del tamaño, que a su juicio, tenga el vientre de la mujer embarazada. Cuando todos están con la tira de lana en la mano, deben medirlo para comprobar quién llegó más cerca de la verdadera medida.

90 Escribir una leyenda

Material necesario: Varias revistas con fotos apropiadas, un álbum.

Procedimiento: Cortar varias figuras que muestren bebés haciendo muecas, mujeres embarazadas, etc. Entregue una figura para cada participante y pídales que escriban un título creativo. Después de compartir los resultados, junte todo en un álbum de colección y entréguelo para que la futura mamá lo conserve.

91 De la A a la Z

Material necesario: Hojas de papel y lápices, premio.

Procedimiento: Distribuya el material y oriente a las participantes para que escriban el alfabeto en el borde izquierdo del papel. Establezca un tiempo límite para que puedan encontrar los verbos que describan algo que hace la madre o el bebé; cada verbo debe comenzar con una letra del alfabeto. Entregue un premio a la hoja más completa.

Compartir: Acróstico de la mujer virtuosa, en el Apéndice (Proverbios 31:10-31).

92 Escoger el nombre correcto

Material necesario: Hojas de papel conformes con las instrucciones que hay que seguir, bolígrafos.

Preparativos: Escoja diez nombres y colóquelos en lista en el margen izquierdo de una hoja. A la derecha escriba el significado de estos nombres, pero no en el orden correcto. Para preparar el material, consulte en internet los significados de los nombres. A continuación se ofrecen algunos ejemplos de nombres de la Biblia con sus significados bien conectados:

Nombre bíblico	Significado
Ana	Graciosa, bondadosa
Andrés	Fuerte, varonil
Aarón	Quien trae la luz
Daniel	Dios es mi juez
David	Bien amado
Débora	Abeja, palabra
Ester	Estrella
Gabriel	Hombre de Dios
Isabel	Consagrada a Dios
Joel	El Señor es Dios
Josué	El Dios de la salvación
Samuel	Escuchado por Dios
Sara	Princesa

Procedimiento: Distribuya el material. Cada invitado debe conectar correctamente la columna de la izquierda, la de los nombres, con la de la derecha, la de los significados.

Compartir: El nombre "cristiano" quiere decir 'seguidor de Cristo' (Hechos 11:26).

93 El jeroglífico[4]

Material necesario: Hojas con las palabras escritas en 'código', como en el siguiente ejemplo.

Procedimiento: Distribuir copias a los participantes y explicar que un famoso arqueólogo ha descubierto un texto escrito en un idioma nuevo. Él solo tiene dos pistas para dar: todas las palabras tienen que ver con los bebés y la primera palabra es "pañal". Quien logre descifrar todas las palabras en el menor tiempo es el ganador.

[4] Contribución de Marsha Page (Dallas, Texas).

(PAÑAL)

Tabla descifradora del código							
	A		H		Ñ		U
	B		I		O		V
	C		J		P		W
	D		K		Q		X
	E		L		R		Y
	F		M		S		Z
	G		N		T		

Compartir: Descifrar la voluntad de Dios (Efesios 5:15-17).

94 La primera consulta

Material necesario: Hojas de papel y bolígrafos.

Procedimiento: Explique que ha llegado el momento de que la mamá lleve a su bebé al médico para una primera consulta. Cada participante, o médico, tendrá un minuto para escribir tantas palabras como le sea posible, con el número de letras solicitadas por la mamá y que se refieren a partes del cuerpo humano, por ejemplo:

- **4 letras:** ojos, piel, dedo
- **5 letras:** brazo, pierna, labio, nariz, pecho
- **6 letras:** pelvis, lengua, hígado, tendón

N-e-n-e

Material necesario: Hojas como las de la siguiente tabla siguientes, bolígrafos, premios.

Preparación: Para cada invitada prepare una hoja como la del siguiente ejemplo, llenando las casillas con palabras relacionadas con a la maternidad. No puede haber hojas iguales, pero las palabras que se usen deben ser las mismas en todas las hojas. Prepárese una hoja de control con la lista de todas las palabras utilizadas.

Procedimiento: Distribuya las hojas y los bolígrafos y comience a leer la lista de palabras. Cada invitado debe colocar una X, en la casilla donde se menciona la palabra. Aquellos que completen cinco elementos en orden (horizontal, diagonal o vertical) reciben un premio. Continúe hasta que se quede sin premios.

N	E	N	E	S
Cuna	Chupete	Baño	Parto normal	Médico
Flores	Enfermera	Cordón umbilical	Ecografía	Hospital
Cumpleaños	*Baby shower*		Cesárea	Dedicación
Alfiler de seguridad	Contracción	Parto	Osito	Dilatación
Babero	Vacunas	Ropa de lana	Registro Civil	Lactancia

96 Memorias

Procedimiento: Alentar a la mujer embarazada durante la reunión para compartir algunos de sus 'recuerdos'. Preguntas que pueden ayudar:

- Hable sobre algo que su madre hizo cuando usted era niña y que le gustaría repetir con sus hijos.
- Comparta una experiencia de su infancia que le gustaría transmitir a la siguiente generación.
- Hable sobre sus abuelos.
- ¿Cuál fue su fiesta favorita cuando era niña? ¿Cuál fue la razón?
- Comparta sobre una de sus amigas de la infancia.
- Hable de los recuerdos de sus primeros años de escuela.
- Hable de sus vacaciones en familia cuando era una niña.

Compartir: El pasado como motivación en el presente (Salmos 78:1-8; 1 Corintios 10:6-11).

97 Agua, jabón y toalla

Material necesario: Hojas grandes de papel con el nombre de las cosas necesarias para cuidar al bebé en diferentes situaciones; por ejemplo:

- **Baño:** jabón, agua, toalla.
- **Comer:** cuchara, plato, papilla.
- **Dormir:** cuna, manta, almohada.
- **Cambio de pañal:** pañales, cinta, pantalones de plástico.

Prepare dos juegos idénticos, uno para cada equipo.

Procedimiento: Divida el grupo en dos equipos y distribuya las hojas, una para cada participante. Después de crear una situación –por ejemplo, el baño del bebé–, los equipos deben buscar los elementos necesarios (agua-jabón-toalla). Las personas con estas hojas deben formar una fila. El primer equipo en estar listo gana puntos.

98 Retrato roto

Material necesario: Hojas de papel, premio.

Procedimiento: Distribuir las hojas de papel. Pida a los invitados que se coloquen de pie, con las hojas en las manos, y que coloquen las manos para atrás. Manteniendo esta posición y sin mirar hacia atrás, deben hacer un boceto del bebé rompiendo el papel. Al terminar la tarea, escriban su nombre en la parte de atrás y entréguenlo a la futura mamá, quien elegirá la mejor imagen. El ganador recibirá un premio.

99 Corriendo al hospital

Material necesario: Dos 'teléfonos' (pueden ser juguetes hechos en cartulina), dos maletas, dos camisolas de gran tamaño, que se puedan poner por encima de la ropa, dos pares de chancletas, premio.

Procedimiento: Cada equipo debe formar una fila detrás de una silla o una mesa en la que está el teléfono. Dada la señal, la primera persona retira del gancho el 'teléfono' y llama al 'doctor' y le avisa de que el bebé está en camino. Luego agarra la maleta y se dirige hacia el 'hospital' (una silla a unos metros de distancia). Abre la maleta, toma la camisola y las chancletas, se viste y se sienta en la silla. Poco después, se levanta, se quita la camisola y las chancletas y los pone en la maleta para la segunda persona. Así continúa hasta que todos hayan participado. Gana el equipo que termine la prueba en menos tiempo.

Compartir: Corriendo para la meta de la dependencia de Cristo (1 Corintios 9:23-27).

100 Los diez mandamientos de la maternidad

Material necesario: Los regalos que representan los 'Diez Mandamientos' (pueden estar envueltos en pañales), una copia de los 'Diez mandamientos' que se entregarán como un recordatorio a la futura madre.

Procedimiento: Lea los 'Diez Mandamientos' con la entrega de los regalos respectivos.

Los diez mandamientos de la maternidad	
1	No descuides tu feminidad, porque las dos son compatibles: una mujer atractiva es una madre atractiva. En resumen, no estarás dejada. (Peinilla/Cepillo para el cabello)
2	Te convencerás de que el servicio de la casa debe ser menos perfecto, porque es aconsejable que la madre reconozca las limitaciones de sus fuerzas. Recupérate sacando tiempo para descansar, y también arreglarte. (Almohada para el bebé)
3	Le darás a tu pequeño muchos mimos y cariño para que se sienta seguro de su posición en tu corazón. (Oso o muñeco de peluche)
4	Recuerda que ningún bebé es igual a otro; escucharás consejos bien intencionados, pero los someterás a juicio, viendo cuál es el mejor para tu hijo. En caso de duda, consultarás buenas fuentes médicas y otro tipo de información. (Documento sobre la crianza de los hijos)
5	Te acostumbras a las exigencias matinales del estómago del bebé, reconociendo que estos momentos, cuando todo a tu alrededor está en silencio, son oportunidades preciosas para estar muy cerca de tu hijo. (Babero)
6	Protegerás a tu pequeño de visitas inconsecuentes que llegan estornudando. Lidiaras con tales visitas con firmeza y delicadeza, explicando que el bebé es sensible a los virus y bacterias. (Caja de pañuelos de papel)
7	No codiciarás el diente del bebé de cinco meses de tu prójimo, ni su primer "mamá", porque tu hijo tendrá sus propias habilidades. (Un cuaderno para anotar todas las bendiciones del crecimiento del bebé)
8	No forzarás a tu marido a enfadarse porque el bebé recibe más atención que él. También debe ser atractiva la maternidad para él. (Perfume)
9	Estimularás a tu marido para que ejerza la paternidad, pues el bebé necesita tanto sus brazos como los suyos. Le enseñarás cómo alimentar, cambiar y bañar al bebé. (Jabón para el bebé)
10	Darás gracias porque donde había dos, ahora hay tres. La gloria de la maternidad brillará en tu rostro, pues en verdad eres bendecida. (Espejo)

Tiempo de espera

Material necesario: Un modelo de acuerdo al ejemplo siguiente para cada participante.

1	Conejo
2	Zorrillo
3	Gato
4	Yegua
5	Rata

6	Ballena
7	Cerdo
8	Elefante
9	Vaca
10	Oveja

Procedimiento: Distribuya las hojas. Las participantes tienen que adivinar el período de gestación de los animales en cinco minutos.

Respuestas: 1: 30 días; 2: 13 días; 3: 9 semanas; 4: 11-12 meses; 5: 3 semanas; 6: 20 meses; 7: 4 meses; 8: 22 meses; 9: 10 meses; 10: 5 meses

APÉNDICE

DEVOCIONALES

Los bosquejos de los estudios bíblicos son un punto de partida para ayudarle a preparar su tiempo devocional. Obviamente, es necesario estudiar los textos bíblicos y enriquecer los bosquejos con su experiencia personal, para que el devocional se haga dinámico y vivo. Sea creativa en el uso de ilustraciones y aplicaciones adecuadas a su contexto y la realidad de compartir el tiempo de refrigerio.

Vivir la voluntad de Dios

Textos

Efesios 5:17-21; Romanos 12:2; 1 Tesalonicenses 5:17-19; 4:3s.; 1 Pedro 2:15

Introducción

Una de las frases más comunes entre los creyentes y los no creyentes es: "Si Dios quiere...". Pero esta frase suscita una pregunta: ¿Cómo saber si Dios realmente quiere?

Es común que nos preocupemos con la "voluntad de Dios". Me parece que en los últimos años esa preocupación va aumentando cada vez más, Quizá por el hecho de que vivimos en una de las épocas más agitadas de la humanidad (cite ejemplos actuales de dicha agitación). Se trata de una preocupación muy natural, y hasta sana, ya que la Biblia nos ordena que conozcamos la voluntad de Dios (Efesios 5:17-21).

Creemos que solo con mucho sudor y grandes peleas descubriremos el plan que Dios tiene para nosotros. O creemos que podemos descubrir su voluntad por medio de revelaciones especiales, profecías, visiones o sueños. De hecho, deberíamos preocuparnos más con la voluntad de Dios que ya nos fue revelada a nosotros (Salmos 37:4, Romanos 12:1-2, Proverbios 3:5-6). ¡En vez de andar preocupados, en busca de una "señal" de Dios para el futuro, debemos andar como "Cazadores de la Sabiduría" en la Palabra de Dios, obedientes a Su voluntad revelada! Es absurdo pensar en ignorar lo que Dios ha revelado en la Biblia e imaginar que Él nos dará la información en particular y especial. ¿Por qué Dios haría una cosa así? Su voluntad para nosotros no es mística, oscura o difícil de encontrar. El primer paso que debe tomar es seguir las normas que Dios ya ha estipulado en su Palabra.

Idea central

Nosotros conocemos la voluntad de Dios cuando nosotros nos disponemos a obedecer su Palabra.

Transición

Hay tres textos principales que señalan cuál es la voluntad de Dios para nosotros. Son tres expresiones claras de la voluntad de Dios para tu vida y la mía:

1 La voluntad de Dios es que vivamos en constante comunión con Él (1 Tesalonicenses 5:16-18).

¿Qué tienen en común estos tres versículos? Reflejan una vida de contentamiento, de satisfacción y alegría a pesar de las circunstancias: ¡Siempre, sin cesar, en todo!

- "Estad siempre gozosos", agradecidos de que Dios tiene todo bajo control y decididos a cultivar la comunión con Él como el bien más preciado que tenemos. Por eso andamos alegres, seguras y felices.
- "Orad sin cesar", en una actitud de dependencia, comunión, amistad y respeto. Es similar a la tos, capaz de escapar en cualquier momento, con la mínima provocación.
- "Dad gracias en todo", considerar como privilegio el estar vivas, ser hijas de Dios y receptoras de todas las bendiciones celestiales en Cristo Jesús, aunque sin que se merezca algo.

Dar gracias es una filosofía de vida, una estrategia de comunión constante con Dios.

Aplicación

Conocemos algunas maneras prácticas de mantener comunión con Dios: leer la Biblia, hacer una oración, oír y entonar cánticos, participar de los cultos. Pero la comunión con Dios va más allá de esas 'actividades', que muchas veces acaban siendo pesadas en nuestras vidas. La relación con Dios no debe ser un peso, una actividad a más para ser incluida en nuestra agenda que ya anda llena. El énfasis de la comunión como parte de la voluntad de Dios para nosotros no es tanto una actividad como una amistad. No es tanto una disciplina como una dependencia. No es tanto una agenda como una actitud. No es tanto una estrategia devocional cuanto una filosofía de vida.

2 La voluntad de Dios es que mantengamos la pureza moral (1 Tesalonicenses 4:3-8).

- El contexto: un crecimiento espiritual cada vez más grande.
- Dos palabras importantes: *Santificación:* Separación (alejamiento). Compárese 1 Corintios 6:18. *Prostitución:* cualquier forma de pecado sexual antes o después del matrimonio –pornografía, pensamientos impuros, sexo ilícito–.
- Versículo 6: "Que ninguno agravie ni engañe en nada a su hermano; porque el Señor es vengador".
- Versículo 8: ¡Cuidado!
- La mentira de Satanás: "¡Todo el mundo lo hace!", "no le hace daño a nadie", "la voz del pueblo es la voz de Dios". ¡FALSO! ¡La mayoría vive en el reino de las tinieblas!

Aplicación

No le preste atención a las mentiras de Satanás. Usted no está sola –todavía hay muchas que no doblan sus rodillas a Satanás–.

Manténgase integra en el trabajo, en el entretenimiento, en los pensamientos puros, huyendo de la impureza (1 Corintios 6:18).

3 La voluntad de Dios es que obedezcamos las autoridades en nuestras vidas (1 Pedro 2:12-15).

- El contexto: un gobierno malo, injusticia, sufrimiento, persecución, creyentes acusados falsamente como malhechores (v. 12). Situación de calumnia, intervención policiaca y el ostracismo social.
- La exhortación de Pedro: el cristiano debe mantener un testimonio ejemplar, al punto de que nadie pueda acusarlo de algún mal. También debe sujetarse a toda institución humana (v. 13), practicando siempre el bien, en el Señor.
- Las autoridades son instituidas por Dios, y usadas por Él para llevarnos a Su voluntad, aunque esta no nos agrade. Siempre que no viole principios bíblicos, debemos obedecer.
- Dios es soberano. Si Él instituyó una autoridad, también tiene el poder de cambiarla.
- Una palabra de advertencia a aquellas de nosotras que están en posición de autoridad: ¡Cuidado! Debemos desempeñar bien nuestra función como embajadores de Dios en la vida de los demás. Si no lideramos como Dios pide, podemos ser destruidas.

Aplicación

Algunas presiones que el mundo ejerce para hacernos conformar a él:

- Gobierno: leyes, impuestos, trafico, etc. El mundo dice: "los gobernantes son deshonestos; son injustos; visan intereses propios".
- Padres-noviazgo, escuela, etc. El mundo dice: "los padres están ultrapasados...".
- Marido/esposa. El mundo dice: ¡Mujeres asuman sus derechos! ¡No se sujeten!
- Liderazgo en la iglesia (Compárese Hebreos 13:17).

Conclusión

- ¡La voz del pueblo no es la voz de Dios! La voluntad divina es que andemos de acuerdo con los patrones de Dios, a pesar de las opiniones del mundo.

- Debemos preocuparnos mucho más con la voluntad que ya nos fue revelada en la Palabra, y dejar que Dios cuide del resto.
- Él es un buen pastor y quiere lo mejor para sus ovejas.
- ¿Usted está dentro de la voluntad de Dios claramente expresa en su Palabra?
- ¿Está resistiendo a las presiones del enemigo en el colegio, en la oficina, en el servicio en los medios? ¿O será que está jugando con el fuego de la inmoralidad?
- ¿Es una mujer alegre, grata, que mantiene amistad constante con Dios?
- ¿Se está sujetando a las autoridades que Dios colocó en su vida?

El acróstico de la mujer virtuosa[5]

Texto

Proverbios 31:10-31

Introducción

El texto original de Proverbios 31:10-31 fue escrito en forma de poema acróstico, usando en el orden correcto las letras del alfabeto hebreo. Aquí presentamos una paráfrasis acróstica.

- v. 10 ¿**A**lguien encontrará una mujer virtuosa? Su estima pasará en mucho el de las piedras preciosas.
- v. 11 **B**ienes no le harán falta, pues el corazón del marido está en ella confiado.
- v. 12 **C**onstruye el bien y no el mal todos los días de su vida.
- v. 13 **D**isposición no le faltan para trabajar con la lana y el lino en sus manos.

[5] Derlei Bernardino de Oliveira, Atibaia, São Paulo, Brasil (Usado con autorización del autor).

- v. 14 **E**s como una nave mercader que trae su pan de lejos.
- v. 15 **F**ácilmente se levanta aun de noche para alimentar su familia y sus criadas.
- v. 16 **G**uarda dinero para comprar una propiedad y plantar una viña.
- v. 17 **H**ábiles son sus brazos y hombros para el trabajo pesado.
- v. 18a **I**ncansablemente ve que sus negocios van bien.
- v. 18b **J**amás su lámpara se apaga aun siendo de noche.
- v. 19 **L**as manos están aplicadas al huso y a la rueca.
- v. 20 **M**antiene al pobre y al menesteroso.
- v. 21 **N**o tiene temor de la nieve por su familia, porque toda su familia está vestida de ropas dobles.
- v. 22 **O**rganiza su casa con tapices, y para si hace vestidos de lino fino.
- v. 23 **P**or buen hombre y apreciado es su marido entre los jueces, cuando se sienta con los ancianos de la tierra.
- v. 24 **Q**ue permanece haciendo ropas de lino fino, vendiéndolas y les da cinta a los mercaderes.
- v. 25 **R**íe del porvenir porque la fuerza y el honor son sus vestidos.
- v. 26 **S**abiamente habla y en su lengua hay clemencia.
- v. 27 **T**rabaja en pro del buen gobierno de su casa y no come el pan de la pereza.
- v. 28 **U**rgen los hijos y la llaman bienaventurada; y su marido también la alaba:
- v. 29 **V**irtuosamente proceden muchas mujeres pero tú las sobrepasas a todas.
- v. 30 **X**ilófono será tocado anunciando que la Gracia y la hermosura son valores vanos pero la mujer que teme al Señor será alabada.
- v. 31 **Z**umbido del público se oirá con alabanzas, al darles el fruto de sus manos.

El papel de la mujer en el hogar y en la iglesia

Textos

1 Timoteo 2:15; 2 Timoteo 3:15; 1:4-5; Tito 2:3-5; 1 Timoteo 5:9-10

Introducción

¿Cuál es el papel de la mujer? Estamos tocando en un tema extremamente polémico en nuestros días. Existe mucha discusión alrededor del asunto, hasta el punto de provocar ira y división en las iglesias.

Nuestra tendencia es mirar para el aspecto NEGATIVO, lo que el Nuevo Testamento prohíbe a la mujer. Nos olvidamos de que la Biblia hace énfasis en el aspecto POSITIVO, que es lo que la mujer puede hacer en el contexto del hogar y de la iglesia. Existe mucho más en la Biblia sobre ese segundo aspecto que sobre las limitaciones, un campo amplio y abierto que va más allá, en algunos casos, de las tareas confiadas al hombre.

Idea central

La mujer de Dios se realiza en el entrenamiento de las nuevas generaciones de líderes de la iglesia.

Transición

Encontramos, por lo menos, tres campos de actuación de la mujer en el servicio cristiano:

1 La mujer entrena la próxima generación de líderes para la Iglesia (1 Timoteo 2:15).

- 1 Timoteo 2:15 es un texto difícil. El punto central que rescata a la mujer del anonimato, de la obscuridad y de la insignificancia, es el papel de mamá, que prepara la próxima generación de líderes.
- Hoy el papel de mamá ha sido menospreciado, pero es el primer y más importante papel de la mujer en la iglesia. Es un lugar de honra, de dignidad, de servicio a la iglesia.

- ¿Quién forma en su iglesia la próxima generación de líderes modelados según la Palabra de Dios? ¿El departamento de juventudes? ¿La escuela dominical? ¿El seminario? ¡NO! Son las mamás: "¡Hacedoras de hombres y mujeres de Dios!" (compárese 2 Timoteo 3:15; 1:4-5: abuela y mamá marcaron la vida de Timoteo).

Aplicación

De nada sirve que la mujer se involucre en muchas actividades en la iglesia sí su casa no está en orden. Ella no debe ser negligente con las vidas que Dios le entregó para ser moldadas en el hogar, entrenadas y devueltas al mundo y al ministerio de la iglesia.

Los ministerios con mujeres deben estimularlas en su papel de madres.

2 La mujer entrena la próxima generación de esposas y mamás (Tito 2:3-5).

Este es un ministerio exclusivo para mujeres. Los hombres no enseñan a las mujeres a ser idóneas. El pastor no enseña a las jóvenes cómo cuidar de sus casas. Se trata de un ministerio prácticamente reservado a las más ancianas, que ya criaron hijos, cuidaron de los maridos y sirvieron en la iglesia: "maestras del bien; que enseñen a las mujeres jóvenes a amar a sus maridos y a sus hijos".

3 La mujer debe servir a las necesidades prácticas de la iglesia (1 Timoteo 5:9-10).

El tercer énfasis de la Biblia sobre el papel de la mujer no compite con los otros dos, sino que los completa. El contexto habla de viudas colocadas en la lista del sustento de la iglesia y el texto menciona aspectos que reflejan dignidad y señales de una vida dedicada al servicio a los santos (compárese Proverbios 31:10-31):

- Solamente un hombre (esposa dedicada al marido; no dada a fantasías, novelas, romances, etc.).
- Buenas obras.
- Hijos criados.
- Hospitalidad.

- Servicio arduo y humilde.
- Socorro a los necesitados.

Aplicación

Debemos estimularnos unas a otras por medio de oportunidades de servicio y entrenamiento para tal.

Conclusión

Dicen que "detrás de cada gran hombre existe una gran mujer". Es verdad. Pero quizá no sea necesariamente la esposa. Puede ser una madre dedicada.

La mujer tiene un gran campo de actuación dentro del hogar y de la iglesia. Ella entrena la próxima generación de esposas y madres, y sirve a las necesidades prácticas de la iglesia. ¡Que Dios nos vuelva mujeres de excelencia mientras cumplimos nuestro papel bíblico con dignidad y honra!

Fidelidad en el matrimonio

Textos

1 Corintios 4:7; Génesis 2:24; Lucas 16:10

Introducción

Hay varias características claves para un buen matrimonio… (Pida a sus oyentes que compartan algunas de esas características). Una característica que llama especialmente mi atención se puede resumir en una palabra: "Fidelidad". Es una cualidad muy rara en nuestros días. Son pocas las jóvenes realmente fieles, responsables y confiables.

Son las pequeñas cosas, repetidas fielmente día a día, las que establecen la diferencia entre la mediocridad y la excelencia. La Palabra de Dios expresa con total claridad lo que Él espera de sus siervas: "Ahora bien, se requiere de los administradores, que cada uno sea hallado fiel" (1 Corintios 4:2).

Idea central

La fidelidad en las pequeñas cosas establece la diferencia entre la mediocridad y la excelencia en el matrimonio.

Transición

Hay dos aspectos de fidelidad en el hogar que pueden servir de estímulo y alerta para todas nosotras:

1. Fidelidad en las pequeñas cosas (Lucas 16:10).

    - El texto se refiere al uso del dinero, pero el principio es válido para todas las áreas de la vida, y especialmente para el matrimonio.
    - Cuando pienso en fidelidad en las pequeñas cosas del hogar, me centro en palabras como "sensibilidad", "tolerancia" y "paciencia". Estas son las marcas de un hogar sólido, estable, que sobrevive a las tempestades.
    - Aspectos aparentemente pequeños de la fidelidad, que tantas veces pasan desapercibidos, pueden suponer diferencias significativas en su hogar:

        - *La comunicación:* Desarrolle el hábito de la conversación activa. Apague el televisor para hablar con su esposo sobre el día de trabajo y los momentos de descanso, con tiempo para todos a fin de que expresen sus pensamientos y sentimientos. Deténganse diariamente para oír lo que el otro tiene que decir.
        - *El crecimiento espiritual:* Crezcan juntos en las cosas de Dios. Sean fieles en la oración uno por el otro y uno con el otro; cultiven su crecimiento espiritual leyendo juntos la Biblia y otros buenos libros; establezcan desde temprano un tiempo de culto domestico con sus hijos; envuélvanse juntos en el ministerio de la iglesia, fieles en la frecuencia, en la contribución y en el servicio.
        - *Las aficiones:* Practiquen actividades en conjunto y compartan intereses.

2. Fidelidad en la relación conyugal (Génesis 2:24).

    - El matrimonio es una obra de arte. Dios une dos vidas para formar algo totalmente nuevo: una nueva creación, un nuevo hogar. ¡Qué privilegio, pero también qué responsabilidad!

- Es una relación exclusiva. Construya paredes de protección para evitar que otros entren y dañen esa obra de arte. Sea totalmente comprometida para con su esposo. En nuestros días, cuando la infidelidad conyugal es tenida como virtud en la sociedad, tenga el valor de ser diferente, responsable y fiel a su esposo.
- La fidelidad conyugal no se limita al área sexual. No permita que otras personas interfieran en su unión emocional. Corran en primer lugar uno para el otro cuando haya una necesidad, una tristeza o una alegría. Desarrollen la fidelidad por medio de la amistad y de la intimidad emocional.

Conclusión

Las pequeñas cosas, practicadas con consistencia y fidelidad, establecen toda la diferencia entre un matrimonio mediocre y matrimonio excelente.

En su esfuerzo para ser fiel, recuerde de depender exclusivamente de Jesús. Es a Él a quien usted pertenece desde el día que entregó su vida a Él. Es Él quien se dio en la cruz para pagar el precio de todos sus pecados. Es Él que resucito para probar que no resta ninguna deuda para que sea pagada. Es en Él que usted ha depositado toda su confianza para la vida eterna. Ahora, coloque su confianza en Él para ser fiel en su matrimonio (Filipenses 1:6; 1 Tesalonicenses 5:23-24).

El temor del Señor en la familia cristiana

Textos

Proverbios 14:26; 13:22

Introducción

El gran predicador del siglo XVIII Jonathan Edwards, aún es recordado como un hombre que temía a Dios. Una vez alguien trazo la descendencia del pastor Edwards y de un ateo que vivió en la misma época (1703-1758) en las colonias de América del Norte. El resultado es sorprendente:

Jonathan Edwards – pastor: 13 profesores universitarios; 3 senadores; 30 jueces; 100 abogados; 75 oficiales militares; 80 oficiales públicos; 100 predicadores o misioneros; 60 autores conocidos; 1 vicepresidente del país; 295 graduados por universidades; Algunos gobernadores de estado.

1394 que no le costaron nada al estado

Max Jukes – ateo: 310 murieron pobres; 150 criminales; 7 homicidas; 100 alcohólicos; Más de la mitad de las mujeres eran prostitutas.

540 que le costaron al estado 1.250.000 US$

Idea central

El temor del Señor da protección a los hijos de generación en generación.

Transición

De acuerdo con la enseñanza de Proverbios, el hombre (o mujer) que teme a Dios establece una herencia preciosa para su familia (Proverbios 14:26; 13:22).

Compartir

Conversen sobre su árbol genealógico. Sus padres, ¿conocían al Señor? ¿Y sus abuelos? Algunas participantes pueden testificar.

Mamás, describan sus sueños para su descendencia. ¿Qué pasos concretos puede dar su familia para evitar una tragedia similar a la de la familia de Max Jukes?

Conclusión

Una oración: "Señor, ayúdanos a construir muros de protección para nuestra familia mientras vivimos cada instante en tu presencia. ¡No permitas que ninguno de nuestros hijos o nietos se aleje de ti! Que seamos fieles y temerosos de ti durante todos nuestros días. Amén".

El seminario del hogar

Textos

Salmos 78:1-8

Introducción

Israel falló debido a la indiferencia de los padres en la transmisión de la fe a los hijos. Encontramos paralelos en los días actuales (ilustrar con estadísticas, etc.).

El salmo 78 es un salmo histórico y didáctico (enseña por medio de la historia) escrito por Asaf. Es una advertencia para que el pueblo de Israel no caiga en el mismo error de sus padres, que olvidaron transmitir la fe a los hijos.

La primera parte del salmo indica los beneficios de la enseñanza de generación en generación. A partir del versículo 9, muestra en la historia de Israel las consecuencias de la falta de transmisión de la fe a la generación siguiente.

Idea central

El pueblo de Dios garantiza la transmisión de la fe de generación en generación por la enseñanza bíblica en el hogar.

Transición

Podemos destacar cinco beneficios de la transmisión de la fe de padres a hijos. Llene cada punto del esquema con ilustraciones y aplicaciones adecuadas a su grupo, o pida con antelación a algunas invitadas que preparen testimonios dentro de cada aspecto destacado en el esquema.

	Los cinco beneficios de la transmisión de la fe
1	La transmisión de la fe produce el conocimiento de la Palabra (v. 6a).
2	La transmisión de la fe promueve el deseo de propagar la Palabra (v. 6b).
3	La transmisión de la fe lleva a los hijos a la fe en Dios (v. 7a).
4	La transmisión de la fe promueve la obediencia a Dios (v. 7b).
5	La transmisión de la fe evita el juzgamiento de Dios contra la rebeldía (v. 8).

Conclusión

Israel falló. ¿Y usted y yo? ¿Qué será de su familia y la mía en una generación…, dos… o cinco? ¿Será que daremos inicio a una secuencia de eventos que llevará a millares a Cristo por la transmisión fiel de la fe en Dios a nuestros hijos?

Hijos, herencia del Señor

Texto

Salmos 127:3-5

Introducción

¿Cuál es el comentario que hoy en día hacemos cuando no enteramos de que alguien está esperando su primer bebé?: "¡Felicidades!".

¿Cuál es el comentario que hacemos cuando alguien nos avisa de que está esperando su cuarto, quinto o sexto bebé?: "¡Qué valientes!" o "¡Qué locura!".

¿Cuál es la razón por la que pensamos así? ¿Qué ha cambiado de los tiempos bíblicos hasta los días de hoy? De acuerdo al texto bíblico, cada hijo es una bendición, una herencia y un galardón que viene de Jehová.

¿Por qué crear hijos hoy en día exige valor? ¿Cuáles son los desafíos a que nos enfrentamos? (finanzas, escuela, rebeldía, vivienda, cansancio, egoísmo, materialismo, etc.).

¿Será que la expresión "¡qué valientes!" refleja la perspectiva de la Palabra de Dios sobre la crianza de los hijos?

Idea central

A pesar de que criar los hijos quizá sea el desafío más grande que una pareja pueda enfrentar, también trae la bendición más grande para la vida familiar.

Transición

El salmo 127 nos ayuda a focalizar en dos destaques de la perspectiva de Dios sobre los hijos (véanse los salmos 127:3-5 en dos o tres versiones diferentes):

1 Los hijos son la señal de la bendición de Dios. ¿Cuáles son las palabras usadas por Dios para describir a los hijos?:

- Herencia: Imagínese la alegría que usted experimentaría si recibiera una gran herencia. Tener hijos es una herencia aún más grande, que dura mucho más y es significativa.
- Recompensa: Imagínese si descubriera una bolsa de dinero perdida y recibiera una recompensa del banco por haber devuelto el dinero. Los niños son la recompensa dada por el Rey del Universo.
- Flechas: Los niños representan la fuerza de la pareja y su protección.

2 Los hijos traen grandes beneficios a los padres. ¿Cuáles son los beneficios que los hijos traen a los padres?:

- Protección (flechas): Representan la fuerza, el vigor y la seguridad en la vejez.
- Felicidad: Cuando son guiados en los caminos del Señor.
- Orgullo sano: No serán avergonzados.

Conclusión

Criar a los hijos quizá sea el desafío más grande para la vida familiar (ilustre lo dicho compartiendo una experiencia sobre cómo su hijo fue una bendición en su vida).

Criar hijos de hecho exige valor, pero en el buen sentido y en la dependencia exclusiva de Dios. En vez de decir "¡Qué valor!", diremos "¡Felicidades!"

Los padres y la plenitud del Espíritu

Texto

Efesios 6:4

Introducción

Quizá la prueba más concreta para determinar si alguien está o no lleno del Espíritu Santo no se encuentre en un *show* de la alabanza, sino en la intimidad del hogar cristiano.

Contexto

Efesios 1 a 3: La posición del creyente – en Cristo.

Efesios 4 a 6: La práctica del creyente – en Cristo.

Efesios 5:18-21: El andar sabio, lleno del Espíritu.

Los resultados del andar en el Espíritu Santo se manifiestan en las relaciones familiares (Efesios 6:1-4).

Idea central

La plenitud del Espíritu Santo se manifiesta en el hogar cuando los padres asumen la responsabilidad de educar a los hijos dentro de los patrones bíblicos, sin provocarlos a la ira.

Transición

Se pueden destacar dos responsabilidades de los padres cristianos, una negativa y otra positiva:

1 Negativa: La plenitud del Espíritu se manifiesta cuando los padres dejan de provocar a sus hijos a la ira (Efesios 6:4a).

- Padres: El término es específico para los hombres, pero la enseñanza también puede ser aplicada a la mamá en el ejercicio de su papel en el hogar.
- Provocar: Trae la idea de una serie de actos injustos o no apropiados, como en el caso de Israel que 'provocó' a Dios a la ira (Deuteronomio 4:25; 31:29; 32:21).

Aplicación

¿Cómo provocamos a nuestros hijos?:

No educándolos	→	Esperando más de lo que pueden dar o hacer
Comparándolos con los demás	→	No comunicándonos con ellos
No escuchándolos	→	Siendo incoherentes en la disciplina
Mostrando favoritismo	→	No jugando con ellos
No disciplinándolos	→	Lanzando amenazas sin sentido
Ridiculizándolos	→	No cumpliendo las promesas
No perdonándolos	→	Criticándolos siempre

2 Positiva: La plenitud del Espíritu se manifiesta cuando los padres asumen su responsabilidad de educar a los hijos en los patrones del Señor (Efesios 6:4b).

- Criadlos: Suplir las necesidades, como una mamá que amamanta a su hijo; cuidar, alimentar, apoyar (compárese Deuteronomio 6:4-9; Efesios 5:29).
- Disciplina: Corrección, entrenamiento, orientación (compárese Hebreos 12:4-11; Proverbios 13:24).
- Amonestación: Instrucción con advertencias (compárese Tito 3:10; 1 Corintios 10:11; Colosenses 1:28; 3:16).

Aplicación

- Es responsabilidad de los padres educar a sus hijos, y no del gobierno, de la iglesia, del jardín infantil o de los abuelos.
- El culto domestico es un foro de los más adecuados para revertir el cuadro "provocación a la ira" en "provocar al amor y a las buenas obras".

Conclusión

Sócrates, gran filósofo, dijo hace más de dos siglos: "Sí yo pudiese subir al lugar más alto de la ciudad, levantaría mi voz y proclamaría: '¿Amados ciudadanos, porque ustedes examinan y raspan cada piedra en busca de riquezas, mientras cuidan tan poco de sus hijos, a quienes un día les van a entregar todo?'".

¿Estamos provocando nuestros hijos a la ira por la negligencia, mientras corremos atrás de cosas transitorias? ¿Estamos invirtiendo nuestras vidas en la crianza espiritual de aquellos a quienes dejaremos todo?

Tesoros

Texto

Marcos 8:36

Introducción

Hay una historia[6] que nos puede ayudar a descubrir el privilegio y la responsabilidad de criar los hijos:

> Yo estaba en una joyería cuando oí a un vendedor que le respondía a una señora que le había preguntado sobre algunas perlas: "Señora, esta perla vale 7000 dólares". Inmediatamente me interesé. "¿Podría ver la perla que vale 7000 dólares?", le dije. El vendedor la colocó en un suave paño negro y la pude observar con cuidado.

[6] De J. Wilbur Chapman, traducido y adaptado.

Entonces comenté: "Supongo que el inventario de esta joyería será muy valioso". Mientras admiraba aquel almacén maravilloso, me imaginé a todos sus empleados trayendo todo el inventario a mi casa diciendo: "Queremos que cuide de eso por una noche". ¿Qué creen que haría yo? Correría y llamaría a la policía: "Estoy con todo el inventario de la joyería en mi casa y eso es una tremenda responsabilidad. ¿Podrían enviar sus oficiales de confianza para ayudarme?".

Pero yo tengo un niño (una niña, etc., –de acuerdo al número de hijos–) en mi casa, y soy responsable de él (ellos). Yo lo he tenido por ___ años (complete de acuerdo a su caso). Algunas de ustedes están en una situación semejante, o lo estarán en breve. Miro este viejo libro (tome su Biblia en sus manos) y leo: "¿De qué sirve al hombre ganar el mundo entero y perder su alma? ¿Qué daría el hombre a cambio de su alma?" Es como si él tuviera todos los diamantes, rubíes y perlas del mundo, y los tuviera con una de las manos, y tuviera el alma humana con la otra para descubrir que el alma vale más que todas las joyas. Sí usted se muere de miedo al pensar en tener una caja de joyas de 7000 dólares, ¿cómo se sentirá cuando piense en la posibilidad de perder el alma de su propio hijo?

Compartir

Después de leer la historia, dirija algunas preguntas a las invitadas para estimular a compartir el privilegio y la responsabilidad de ser mamá de 'joyas preciosas', y la importancia de criarlas en los caminos del Señor.

- El privilegio de criar hijos: las recompensas, las alegrías, las cosas divertidas que hacen, algunos momentos preciosos que las madres no cambiarían por nada más en este mundo, etc.
- El peso de la responsabilidad de ser mamá: la formación del carácter del niño, la crianza en los caminos del Señor.
- La fidelidad y el poder de Dios en capacitarnos para la gran tarea de ser mamá: Filipenses 2:13; Lamentaciones 3:22-23; 2 Corintios 3:4-5.

Superar la amnesia espiritual

Texto

Deuteronomio 6:4-9

Introducción

Departa sobre la experiencia de perder la memoria (extraiga casos de situaciones de la vida real, películas, etc.), destacando cuán terrible es apagar una porción de la vida al perder la memoria, pero peor aún es sufrir de amnesia espiritual.

Israel fue un pueblo privilegiado por la presencia de Dios aliada a muchas manifestaciones de su provisión, incluso en el desierto. El Deuteronomio es un documento de la renovación del pacto entre Dios y una nueva generación de Israel, siguiendo la forma de los tratados antiguos entre un rey y sus súbditos. Una parte de esos documentos establecía la trasmisión de la alianza de generación en generación (Deuteronomio 6:4-9).

En la prosperidad, Israel corría el peligro de olvidarse de la alianza: amnesia espiritual (Deuteronomio 6:10-12).

Idea central

La madre sabia aprovecha muchas oportunidades que se presentan durante el día para transmitir a sus hijos el amor a Dios y a su Palabra.

Transición

¿Cómo podemos evitar la amnesia espiritual en la vida de nuestros hijos? Vamos a identificar cuatro aspectos de la vacuna. Solicite con antecedencia que algunas invitadas se preparen para dar testimonios que ilustren los puntos del esquema.

1 La transmisión de la fe empieza cuando los padres aman a Dios de todo corazón (Deuteronomio 6:4-6).

- Dios como único maestro (v. 4).
- Amor exclusivo a Dios, de todo corazón (v. 5).
- Las palabras de Dios en el corazón (v. 6).

2 La transmisión de la fe sucede cuando los padres enseñan la Palabra de Dios formalmente a sus hijos (Deuteronomio 6:7).

- Repetirás: Trae la idea de enseñar con propósito, diligencia y constancia.
- Hablarás: Destaca la intención de transmitir verdades bíblicas.

3 La transmisión de la fe sucede cuando los padres enseñan la Palabra de Dios informalmente a sus hijos (Deuteronomio 6:7).

"Estando en tu casa, y andando por el camino, y al acostarte, y cuando te levantes": Se refiere a la enseñanza constante, en tiempos oportunos y altamente propicios para el aprendizaje durante todo el día.

4 La transmisión de la fe sucede cuando los padres enseñan la Palabra de Dios simbólicamente a sus hijos (Deuteronomio 6:8-9).

- "Las atarás como una señal en tu mano": en todo lo que hace.
- "Estarán como frontales entre tus ojos": en todo lo que piensa y ve.
- "Las escribirás en los postes de tu casa, y en tus puertas": para donde sea que vaya.

Conclusión

Para evitar la amnesia espiritual, la mamá sabia aprovecha las muchas oportunidades que se presentan durante el día para transmitir a sus hijos el amor a Dios y a su Palabra.

OTROS TÍTULOS DE LA COLECCIÓN 101 IDEAS CREATIVAS

101 IDEAS CREATIVAS PARA MAESTROS
David Merkh y Paulo França

101 IDEAS CREATIVAS PARA FAMILIAS
David y Carol Sue Merkh

101 IDEAS CREATIVAS PARA GRUPOS PEQUEÑOS
David Merkh

101 IDEAS CREATIVAS PARA MUJERES
Carol Sue Merkh y Mary-Ann Cox